我が
心の師

河野英雄

Hideo Kono

文芸社

はじめに

かつて、「明治は遠くなりにけり」「明治百年」などといって明治時代の行事が盛んに行われたものであるが、今や昭和という時代がドンドン遠ざかりつつある。昭和の時代を生きてきた我々にとって寂しい限りであるが、やはり昭和という時代には平成時代とは比較にならないほど重い響きがある。しかしながら、この平成時代が他国と戦争をすることなく終わったのは何よりである。そして本年五月一日より始まった「令和時代」は、さらにいっそう世界に貢献する日本であってほしいと切に願うものである。

それというのも我が国が英米を中心とした連合国軍とアジア太平洋戦争を戦い敗れたことがあろう。そして戦後、焼け野原から日本は立ち上がり、世界に追いつけ追い越せとまさに昭和版『坂の上の雲』を目指して国民は遮二無二働いてきた。そして日本は西ドイツと並ぶ経済的急成長を遂げまさに両国の発展は戦後の奇跡とまで言われたのである。

しかし政治的には日本は中国や韓国などとの戦後の総決算が大枠では進みながら、個別案件では大きな亀裂をも生み出している。それが靖国問題であったり、従軍慰安婦問題であったり領土問題であったりする。そのようなことからあの戦争は日本人にとっていったいなんであったのかを、今も問いかけられていると言っても過言ではない。

　遡ってまだ日韓、日中の間でそうしたことが大きな問題となっていなかった一九六〇年代、日本は東京オリンピックを成功させ、世界万博も開催し、日本の経済成長は止まるところがないほどであった。一九五六年の『経済白書』には「もはや戦後ではない」という言葉が掲載され、日本の経済発展に伴いひんぱんに使われるようになった。この言葉が、そのことを如実に物語っている。そうした経済的な急成長が日本社会にさまざまなひずみをもたらしたことも事実である。

　さまざまな公害問題や、教育のマスプロ化、相次ぐ大学の学費値上げ、不透明な大学の経理問題や学生の自治権の要求など、また政治問題としてはアメリカのベトナム戦争への日本政府の加担。そのようなことが徐々に日本の学生運動に火をつけていくことになった。

　そして一九六〇年代後半より一九七〇年代にかけ日米安保粉砕を目指して学生運動はさらに過激化してゆくことになる。またこの頃はアメリカのベトナム介入がさらに激しく世界的な反戦運動となって野火のように広がっていった。そのような中で筆者も明治学院大学で全共闘運動を起こし、大学の民主化を要求して全学バリケード紛争を起こすことになった。また街頭に出てベトナム反戦運動や反自衛隊闘争にも参加し逮捕されたこともあった。しかしそうした運動も一時は市民の同情も集まったが次第に運動は先鋭化し、火炎瓶にとどまらず、爆弾まで使われるようになり、国民の心も離れていった。

特に連合赤軍による同じ仲間へのリンチ殺人事件でこうした新左翼による過激な運動は急速に停滞期を迎えるにいたった。

しかし私たちは、「あれは単なる野合集団だからああした結果に終わってしまったのだ。政治路線さえ過たなければ連合赤軍のようになることは決してない」、そのように考え、私も「共産主義者同盟蜂起派」の地下正規軍の一員として熊本の自衛隊基地を解体するため時限式爆弾によって基地破壊を試みたが、幸か不幸か大きなインパクトを与えることはできなかった。

そのような中で私はついに警視庁に逮捕され、そこで人生で最大の出会いをするのである。そしてその後はこの筆者を救い上げてくださった一刑事の人生のドキュメントをできるだけ真実に沿い述べさせていただきたいと思う。ややもすれば不透明な今日の社会にこの方の生きざまが、ひとつの指針を与えているのではないかと考え記したものである。参考となれば幸いである。

もくじ

恩師と私の運命的出会い

私、河野英雄はかつて社会的大罪を犯し、坂本重則氏に彼の持論とする教育刑によって、人間を根本から直され今日まで導かれている者である。私にとってまさに彼は人生の師であると同時に親しい兄であり、厳しい父でもあった。

坂本氏と出会って四十年にもなるが、これほどの人間性と実績を持つ人を私は見たことがない。このままこの方を無名のままで埋もれさせておくことは日本社会の損失でもあり私にとっても不作為の罪となってしまうのではないか？　そういう思いからペンを執った次第である。

まず、彼のどういう説得が私やそれ以外の革命家の心を摑んでいったのかを考えていきたいと思う。「はじめに」で明らかにした通り、私はかつては「共産主義者同盟蜂起派」という過激な組織に所属し、日本および世界の資本主義国家を共産主義革命により転覆させようと考えていた。もちろん暴力革命によってである。

度重なる逮捕にも黙秘を通し、捜査官をてこずらせていた。そんな箸にも棒にもかからない男に人間、社会とは何か？　人はいかにあるべきか？　を諄々《じゅんじゅん》と説き明かし、人間的に百八十度転換させた刑事こそ警視庁公安一課警部補の坂本重則氏であった。つまり彼は、水と油といわれる警察と過激派というまったく相容れない立場を超えて、人間共通の話をし続けられたのである。

本来なら公安刑事の調べ方というものは体制を覆そうとする被疑者に対してきわめて非情である。私に対しても例によって問答無用の取り調べが行われた。そんな中で一度目の特高刑事は意外なほど柔軟な取り調べであった。しかし二度目に来た刑事はまさに戦前の特高警察を髣髴《ほうふつ》とさせるような強圧的な調べであった。こんなタイプの刑事がまだいたのか、と思うほどのすさまじい取り調べであった。したがって私は次に調べに来る刑事はそれに輪をかけた鬼刑事が来るに違いない。と覚悟をしていた。

ところが豈《あに》はからんや、坂本氏の調べは私の予想とは大きく違っていた。確かに厳しいながらも、人間というものを前面に出しこの人間社会の道理を説くものであった。私が今までの運動の経歴の中でもあったことのないタイプの警察官だった。例えば彼は私たち過激派の姿を評して「残水《ざんすい》の小魚《しょうぎょ》、食《しょく》を貪《むさぼ》って時に渇くを知らず。糞中《ふんちゅう》の穢虫《えちゅう》、居《い》を争って外に清きあるを知らず」、そのような格言を投げかけられた。つまり「俺が、俺が」と我《が》をはる地獄のような世界から脱皮せよという意味だった。あとはよく「卒業しろ」という言葉を使われたように思う。

また「修身、斉家、治国、平天下」、これは読んで字のごとく自分の身を修め、家庭を治めてこそ天下を治めることができる。つまり「君たちが理想を持つことは大変素晴らしいことだ。しかしその手段方法に問題はないのか？　親兄弟を泣かせ隣人や社会に不安と驚きを与えてばかりいて、なんでこの社会が治められるのか？」

まさにこれは我々を頭ごなしに取り調べるのではなく、一刑事の叫びであり共通の人間の立場に立った訴えであった。

体制と反体制の激しいせめぎ合い。殺伐とした社会の中でこのような人間刑事が警視庁という権力の中枢におられるとは！　まさに私にとって驚きであった。

それまでの私の生き方は真に短絡的かつ直情的な発想で、今考えると恥ずかしい限りであるが、当時はまさに熱病のようにマルクス・レーニン主義という凝り固まった考えに取り憑かれていた。かつてマルクスは「宗教は麻薬である」と断定したが、逆にマルクス主義そのものも麻薬のようなものであった。

これに魅入られるとちょっとやそっとでは抜け出せない、怪しい魅力があるのである。政治的な宗教集団といってもいいかもしれない。それではなぜそうした活動にのめりこんでいったのか？　それは何をさておいても私の心の未熟さであった。

大学において最も身に付けなければならない一般教養といったものはろくに勉強せず、

大学二年の頃からマルクスを中心とした社会科学の方面ばかりに傾倒していった。

確かにマルクスは偉大な思想家であり説得力もあった。しかし私たちはあまりにも教条主義的でありすぎた。学問は懐疑から始まるはずであるのに、無批判的に受け入れて観念的なことばかり勉強してしまい、現実に自分が身近な人々のために何ができるのか？　真に社会の役に立つこととは何か？　という根本的なことは全て捨象してしまっていた。本来なら、革命というものは一気に「えいやっ！」とばかり体制をひっくり返すものではなく、絶えざる改善の積み重ねの中で真の改革というものがなされてゆくのではないだろうか？ただ決して正当化するわけではないが、私たちの年代はそうした一気呵成の革命を考えたくなるような時代背景を背負っていたのだ。

米ソ冷戦の中、ベトナムにおいては北ベトナムと南ベトナム民族解放戦線の連合軍がアメリカと南ベトナム政府軍に対し南北統一と民族独立をかけて死闘を行っていた。

そして当初はアメリカも国際世論を気にして軍事顧問団という形で控えめなベトナム派兵であったのが、戦況が悪化する中で五十万からの兵士を派遣したのだった。それは当時よく言われた「ドミノ理論」に基づくものであった。

つまりアジアのこの地域で一国でも共産化されれば一気に周辺諸国も共産化するという理論であった。当時私も含めて左翼系の学生や知識人は、このドミノ理論はアメリカの侵略戦争を正当化するための言い訳くらいにしか考えていなかった。しかし今振り返ってみると、あれだけの戦費と人命をアメリカがかけたことによって、ベトナムが共産化されてもその影響を最小限に食い止め得たのではないか？　むろん私はあのような戦争をしなくても、もっと他の人道的手段があったと今でも確信している。つまり南ベトナム政府側の腐敗堕落を改めさせ、愛国心に燃える若手の人材を育て、共産主義が浸透する土壌を取り除くべきであった。しかし、アメリカはあくまでお得意の軍事外交路線に頼ったのである。

そういう意味で南ベトナム政府は単なるアメリカの傀儡政権にすぎなかったのだ。ただあの当時アメリカがどれほどアジアの共産化を恐れたかということは今では理解できる。

しかし当時はまだまだ私も血の気の多い書生気質であった。つまり、いくらこの地域の共産化を防ぐためといっても人道的には過酷すぎるではないか？　例えば南ベトナム民族解放戦線がゲリラ戦ができないように山という山に枯葉剤を散布する。そのダイオキシンの影響でベトナムの赤ちゃんに多数の奇形児が生まれてきたり（日本でベトちゃん、ドクちゃんの分離手術を行ったことをご存じの方も多いであろう）、米兵がソンミ村というところでベトナムゲリラを排除しようとして、民間人多数を殺すなど、アメリカのベトナム政策は国内外から轟々たる批判にさらされつつあった。

そのような中で日本政府はアメリカへの支援をますます鮮明にし、アメリカによる北ベトナム爆撃も沖縄から出撃するという具合であった。そのことは当然日本の若者や市民の多数が自分たちもベトナム戦争に加担しているのではないか？　という加害者意識を共有するようになり、我々過激派以外に市民レベルでは、作家の小田実氏らによって「ベトナムに平和を！市民連合」という組織が一気に広がっていった。いわゆる「べ平連」である。同時にアメリカや西ドイツ、フランスといった先進国においても学生の反戦や反体制運動が尖鋭化していったのである。

そんな中で日本では佐藤栄作首相のベトナム訪問反対運動を契機に、学生の反戦運動は一気に高まっていった。

例のヘルメットとタオルの覆面といったゲバスタイルという今考えればおよそ大学生らしくない暴力団まがいの格好での街頭行動もこの時に定着したものである。そしてそれが反体制運動のシンボルのようなものになっていった。

そのような中で起こったのが全国大学におけるバリケード封鎖事件、一九六八年の新宿騒乱事件、防衛庁乱入未遂事件。一九七一年日比谷公園におけるあの歴史的建物であった松本楼焼き討ち事件、渋谷での機動隊への中核派による火炎瓶殺人事件。同じく一九七一年成田三里塚における空港反対派ゲリラによる機動隊三名への竹やりなどによる殺人事件など、今では考えられないかもしれないが日本はまさに革命前夜の様相を呈していたのである。

そのような中で、私は人間刑事、坂本重則氏に出会った。当時彼は警部補であった。中央大学で法律を学ばれ、特に刑事政策での刑罰における目的刑（教育刑）を専攻されていた。

人間は誰しも過ちを犯すのだから、厳罰を持ってのぞむというより、徹底した教育を施す中でその人間の本性を直し更生すべきという理論に基づいたのが教育刑であり、事実この方はその手法で多くの犯罪者と向き合い、彼らを立ち直らせてこられていたのである。

詐欺、ヤクザ、泥棒、そして私のような過激派にいたるまで、自身の罪を悔い、更生していったのである。その方と出会うことによって私も百八十度の人間的転換を誓ったのである。普通の調べ官なら、被疑者が落ちたら（自白したら）早々と彼を拘置所に送ってしまうだろう。一般的に刑事は犯人を更正させるという考えは持たないからである。つまり応報刑といって「お前は法を犯したのだからそれ相当の罰を受けてこい」ということである。もし真底反省するなら罪を一等減じて早く社会復帰させてやろう、などという考えを持たないのだ。

しかしこの坂本氏は違った。彼は犯罪を決して見過ごさない。しかし初犯の者は再犯を重ねぬよう、再犯の者はさらに累犯を重ねぬよう人間的説得を繰り返し、人間の更生に努められていた。そのような方は、警視庁広しといえどもお目にかかったことがない。

坂本氏の長期間にわたる説得により私は自分の過ちに気づき、結局坂本氏を散々てこずらせながらも彼の調べを受けて四十日目にしてこの方の教えを何とか理解し、自己のこれまでの生き方を百八十度転換させたのである。そして驚いたことに私の反省の気持ちが本物だと知るや、氏は直ちに地検の副部長に会い、私の保釈方の交渉に行かれた。さすがの大物の地検副部長でも私は他の刑で執行猶予中の「爆発物罰則取締法違反」の被告人。それを保釈させるなどということは恐らく前例のないことであっただろう。

坂本氏から私の保釈についての願いを受けたその副部長は、

「それではおふくろさんが具合が悪いので刑の執行停止ということにすればいいじゃないか?」

と、そこまで言ってくださった副部長に対し、坂本氏は、

「いや本人に希望を与えるために保釈をお願いしたいのです」

と粘られたそうである。やはりこの検事が坂本氏の普段の仕事ぶりを知っておられる検事だったことも幸いしたのに違いないと思う。最終的に、

「それでは一度弁護士から保釈願を出させてくれ。一度は却下するから。後は裁判官にも話をしておいてくれ」

ということになり、裁判官は、

「奇特な方ですね、それでは公判担当検事にも話をしておいてください」

と理解を示された。

さすがに公判担当検事には「いつから弁護士になった」と噛みつかれたらしいが、最終的には坂本氏に下駄（責任）を預ける形で承認されたようであった。

多少オーバーな表現になるかもしれないが一種の奇跡ともいうべき出来事であった。暴力を使わないでも人間の力でこのような奇跡が起きたのである。まさに私は坂本氏より身をもってそのことを教えられたのだ。そしてそういう意味で私は更生後、この方と二人三脚で暴力革命を阻止し、重荷を背負って坂道を登るごとく歩んできた。

その過程で誹謗中傷を受けたり、坂本氏と私の関係を「坂本氏が左寄りだから河野も落ちたんだ」といった曲解や無理解もあったことは事実である。しかしそれは一党一派に偏《へん》した物の見方であり、氏の教えは常に中道の精神と人間主義に立脚した人間の普遍性の追求であったと確信する。しかしながらこうして振り返ると私自身まだまだ至らないことだらけで、どうすればこの方に一歩でも近づけるかという課題ばかりが多い昨今である。

しかし人間死ぬまで勉強という通り、是が非でもこの複雑極まりない、人間、社会の真理を探究し最終的に世のため人のためになるような仕事を成し遂げてゆきたいと思っている。

（「敬虔」の色紙と坂本氏）

それこそがかつて多くの人々に大変ご迷惑をかけてきた私の歩むべき道と信じて疑わない。

口幅ったい限りであるが、今日の目標の見えない日本社会にあって、この坂本氏の思想と行動は多くの方々に生きる指針を与えてくれるであろうと思う。本書は坂本氏のルーツである九州佐賀での幼少期から、警視庁時代、そして退職後ある衆議院議員の特命秘書時代に至るまでのあいだ重ねられた山のような業績と、その波乱万丈の生き様を詳述させていただくものである。ひき続きご高覧いただければ幸いである。

私の更生に関して、時の警視総監から坂本氏に色紙が送られた時の写真がある。

「敬虔」この言葉の意味は神仏に仕える態度をいうとのこと。まさに坂本氏が私の更正に関しそのような真摯な態度で臨まれたということへの総監からの感謝状であると思う。

幼少の頃

坂本氏は九州は唐津の生まれである。久保田駅から佐世保線に入る汽車の中で、母に抱かれていたまだ乳飲み子の坂本氏が、単線のため突然汽車がバックし始めたのに反応し、「戻る、戻る」と泣いた。母は驚き、坂本氏が物心付ついた時「お前は勘の強い子だから裁判官か、僧侶になれ」と言った。

その頃はその言葉の意味が分からなかった。警察官になって「正義と博愛の精神を生かせ」という意味に受け取った。

母は坂本氏が幼い頃、よく宗教どころに連れていった。ある時は寒中滝に打たれたり、人の嫌がる便所掃除を母と一緒にしたりした。

またある時は母が野菜の行商から一人の青年を伴って帰ってきた。よく見ると、今で言うホームレスであった。彼は道端で筵《むしろ》を敷いて寝ていたという。そして彼を坂本家の風呂

に入れてやり、食事を与え、電車賃まで持たせて帰したのである。さすがの坂本氏も、

「俺が海のボート番のアルバイトをしているように彼にも働かせればいいじゃないか？」

と文句を言ったこともあったという。


その母の精神は後日坂本氏にしっかりと受け継がれていくことになる。

友をかばう

ある日、学校で担任から、

「昨日の掃除当番は誰ですか？」

と尋ねられた。昨日の当番が掃除をしていなかったことがバレたのだ。誰も名乗り出ないので、坂本氏がスッと手を上げた。

「級長が掃除をサボるとは何事ですか！」

先生は怒って彼を廊下に立たせたのである。しかし悪いと思ったのか、クラスメートの山脇（仮名）が、

「当番は重則ではありません。僕です」

と名乗り出た。先生はさらに怒って、

「バケツに水を半分ほど入れて立っていなさい」

と山脇に言った。すると、坂本氏はすかさず、

「先生。僕が代罰を受けているんだから、もうその必要はありません」

と、友をかばったのである。それ以来、クラスメートたちは彼を尊敬の眼差しで見たという。

またある日、坂本氏が学校で一人でいると、同じ学校の友人が声をかけてきた。

「何で帽子を被ってこないの？」

「大西（仮名）に取られたんだよ」

「私が言って取り返してきてあげる」

と友人は言ったが、その時坂本氏は、

「同じ学校の生徒を罪人にできないからいいよ」

と言って断ったという。確かに当時の写真では坂本氏だけは帽子を被っていなかった。

ここで坂本氏が卒業した佐賀県立唐津高等学校（現・佐賀県立唐津東高等学校）の、旧

制中学時代に作られた校歌を一部ではあるが紹介したい。大志を抱き世界に雄飛する人物になれという気概が感じられる壮大な世界観の校歌である。現在（新制高校）の校歌はこうした世界観のある校歌ではなくなったそうである。寂しい限りである。

旧制佐賀県立唐津中学校（新制佐賀県立唐津高校）校歌

一、宇宙のみ生命　大日輪の　うしおにきほひて　昇るをみつゝ
息づく我等は　光の海の　光の男《お》の子　光　光　光の男の子

四、我等の運命《さだめ》は　祖国の運命　祖国のさだめは　世界のさだめ
運命を拓きて　雄々しく進む　我等は男の子　光　力　望みの男の子

警察官を志す

彼の警視庁時代の活躍の原点ともいうべき話である。誰しも青年期というのは大きな理

想を持つものである。坂本氏もその一人であった。

戦前、彼は母と一緒に観に行った「海軍」という映画に感動したという。「断じて行えば鬼神もこれを避く。人事を尽くして天命を待て」という主人公の言葉に感激した。そして彼は海兵になろうと決意する。

しかし昭和二十（一九四五）年、幸か不幸か、日本は敗戦国となる。そのため坂本氏の夢であった海兵への道は断たれた。しかも母は叔父の起こした会社の連帯保証人であったため、その叔父の会社倒産のあおりを受け、坂本家も未曾有の経済的危機に見舞われる。ある日母から「田舎の高校卒業でよいだろう？」と言われ、そのため九州大学進学も断念させられてしまう（上の兄二人は九大に進学）。この時坂本氏は本当に失意のどん底にあった。

しかもたった今まで、鬼畜米英に勝つためにと学校でも厳しい軍事教練を受けてきたのが終戦になると、男は女の話、女は男の話ばかりで本当に義憤が募ったという。

銀行員に内定して喜んで、ちゃらちゃらしているクラスメートを教室の外に呼び出し、鉄拳制裁を加えたこともあったという。それほど坂本氏は若い頃は気性が激しくまさに信長のようであった（ちなみに昨今、坂本氏が我々に口癖のように言われる言葉は「信長、秀吉、家康を併せ持つような人間になれ」であったがまさに至難の業である。

そのようなことで学校では沈みがちになり、学校も一週間ほど行かなかったこともあったそうである（こういう状況は当時の若者たちのみならず大人たちも少なからず陥ったと筆者も聞いたことがある。特に特攻隊上がりの兵士らは自暴自棄的な日々を送ったと聞いている）。しかし、坂本氏は文化祭などになると、一転して友人に「お前の家は産婦人科で金があるのだから、本物の馬を連れてこい」と言いつけ、「山田長政蛮行」と題して長政タイ視察の仮装行列を行った。皆、本物の馬にビックリしていたという。

そして昭和二十六（一九五一）年、思わぬ朗報が坂本氏に舞い込んだのである。すなわちこの年の三月卒業見込みの生徒を対象に一月頃警視庁が北海道、沖縄を除いた全国の県庁所在地の高校に試験官を派遣し、警察官を募集することが分かった。「努力次第では、一巡査から警視総監にもなれます」「さらに警視庁委託学生として中央大学にも通えます」と通知がなされていた。そこで坂本氏は兄二人と違い、九州大学に行けなかった悔しさもあり、その時郵政省の四級職には受かっていたが即刻応募し、採用試験に見事合格。そして同年四月、九段の警察学校へ。そこで清水教官と出会う。

坂本氏が、

「中大の委託学生の試験を受けさせてください」

と伝えたところ、清水教官に、

「はい、即刻荷物をまとめて帰ってください」

と厳しい言葉を返された。

(警察を大学に行くための腰掛にしか考えてないような人間は警察にはいらない)

その意味をすぐさま理解した坂本氏は、即座に、

「私の認識不足でした。すみませんでした。ごめんなさい」

と、言い訳がましいことは一切言わず率直に詫びた。

すると教官は、坂本氏に尋ねた。

「君の相棒の小倉(仮称)が辞めて帰ったことは知っているだろう」

「はい知っています」

「ちょっとこちらに来なさい」

そう言って教官は坂本氏を近くに招き、言った。

「君の家は身元再調査では、おじいさんも日露戦争に行っているし、姉二人も海軍の軍人の家に嫁いで福岡と長崎にいる。兄二人も一人は海軍を志願して、夷隅、厚木、木更津と転進し、その後台湾の高雄で特攻隊の整備兵として特攻隊を送り出し、昭和二十二年に日本に引き上げてきている。また一人は針尾の予備海軍兵学校にも行っているし、軍人関係

（清水教場の集いにて。着席中央の方が坂本氏）

になってないのは妹と君だけだ。とにかく皆、お国のために尽くしている家系だ。家柄もよいので問題ない。君の先ほどの侘び方は言い訳もせず、実に素直でよい。人事二課にも話しておくから身分関係のことは何も心配するな。警察学校を出たら中央大学を目指せばよい。中大の試験は難しいが一発で受かること。そして武道は『礼に始まって、礼に終わる。柔はよく剛を制す』というから柔道を体得し連戦連勝するほどになりなさい。任地は厳しい所へ回すが、いの一番の仕事をしなさい。そして中央大学や警視庁がやらなかった仕事をしなさい」

異例の薫陶であった。なんという期待と信頼に満ちた言葉であろうか。

清水教官がここまで言うのだからよほど坂本氏を見込んだのであろう。この時坂本氏はこの清水教官に言われた言葉を天命と感じ取られたのに違いない。

だからこそ坂本氏はこの教官に言われた言葉を違えぬよう、一つ一つ確実に課題を克服していかれた。その結果が警視庁における燦然たる実績に繋がったのではなかろうか？

そしてその赴任先は確かに忙しく、この時代治安の良くなかった荒川の三河島駅前交番であった。しかし坂本氏にとっては、この上ない働き場所であったであろう。

ここから彼の眩しいばかりの警察実績が始まるのである。

その清水教場の集いは現在も行われている。

傷心の友を励ます

坂本氏が警察官の全国規模の採用試験に応募した時、同時に応募したのが小倉氏（仮名）であった。この採用試験は九州唐津から優秀な成績の者十数人が受けたが、受かったのは坂本氏と、もう一人小倉氏だけであった。

彼は高校時代サッカー部の主将であった。しかし彼は叔父さんが中国で左翼運動をやっていたということで、身元再調査で落とされてしまったという。彼は悔しそうに、故郷《くに》に帰って何と言えばよいかと悩んでいた。そこで坂本氏、

「仏教には嘘も方便という言葉もあるぞ。『サッカーで体を鍛えすぎて心臓を害してしまって、健康診断で仕事に耐えられないと判断された。だから警察に入れなかった』と弁明すればよい。そして君はマスコミに入って世の中の不条理を叩け。何の負い目も持つことはない」

と助言。そして後に彼は見事西日本新聞社に入り、宮崎の小林支局にいるという連絡をもらった。小倉氏はその後、佐賀の鳥栖支局に転勤。たまたま唐津警察に取材で立ち寄った時、交通課長から、

「いやあ参りましたよ。先日東京の警視庁から来た若い巡査部長に自分のおふくろさんの交通事故の処理が悪いと、さんざん怒られましたよ」

と愚痴めいたことを聞かされたという。何を隠そうその刑事こそ、「くうら（坂本家の屋号）」の三男坊の坂本氏であった。それを知った小倉氏は早速そのことを葉書で知らせてきたという。

お母さんの話は悲しいことであったが、彼もさぞ懐かしかったに違いない。

金さんとの交流

荒川警察管内の三河島というと、戦前日本によって虐げられていた歴史を持つ朝鮮の人たちが多く住んでいた地域であった。日常的に日本人と朝鮮の人たちとのいざこざが絶えなかったところである。

「お巡りさん。お巡りさん助けてくださいよ。さっきあちらで体の大きい男とすれ違ったら私の肩が当たったと言って思いきりぶん投げられたよ。これ投げられた時、相手から取ったマフラーだよ。交番に来たら捕まえてくださいよ」

路上で大の大人がぶん投げられ、相当頭にきていたのであろう。彼は金さんという在日韓国人である。日本から独立を果たし、日本人と対等の立場になったにもかかわらず日本人にぶん投げられ、悔しくて仕方ない様子であった。

「その男はどんな格好だったんだ？」

と、相手から事情聴取していた時である。いきなり金さんが、

「お巡りさんあいつだよ。向こうから歩いてくる。あの男に間違いないから、捕まえてくださいよ」

坂本氏がよく見ると、何と荒川警察の柔道の選手ではないか。

「なんだ。身内じゃないか」

思わず坂本氏は舌打ちした。しかしそこは切り替えの早い坂本氏。そのマノラーを手でクルクル回して、男に、お前がぶん投げた朝鮮の人間が来てるぞということを暗に知らせようとしたのである。しかし相手は気づかず、ドンドン近づいてくるので仕方なく坂本氏は、男に呼びかけた。

「おーいお前、いつ刑務所から出てきたんだ」

すると、その男はやっと事態を飲み込み、そそくさと行ってしまったという。

「エー、お巡りさん。あの人ヤクザだったの？　仕返しされたら怖いから、もういいですよ」

ということで、一件落着とあいなったのである。

戦後の動乱期、警察官が罪もないのに朝鮮人に暴行を働いたとなると国際問題である。警官の首も飛ぶし、この被害者だって逆に警察から逆恨みされるかもしれない。そういう意味で誰も傷つかない方法で、坂本氏はその場を収めてしまったのである。

金さんは、痛い目をしただけ損したかもしれないが、その後坂本氏と懇意になりいろいろ持ちつ持たれつの関係になる。街で会うと、

「長さん（このとき坂本氏は巡査長）今日は泊まり？」

と気軽に声をかけられるような間柄になっていた。

ある時金さんが息せき切って交番に駆け込んできた。

「長さん大変だ！　東亜会（仮称）の人間が日本刀を振り回してるよ」

とっさに坂本氏は、

「よし、お前もついてこい」

と言って金さんを連れて現場に行き、その男の持つ刀をすばやく警棒で叩き落とし、その刀を金さんが拾い警察署に届けたのである。まさに官民の連携プレーであり、警察から坂本氏に金一封が出た。

そのお金はそっくり気前よく金さんに渡したそうである。彼が朝鮮の集落の人に話すと、

「ヘエー、日本にそんなお巡りさんいるのか」

と、皆驚いていたという。またある時は鉄道自殺しようとしている人を坂本氏と、金さんが連携して救ったこともあるという。とにかく坂本氏は民族や立場の違い、そんなことは度外視で誰とでも分け隔てなく付き合える人であった。

これこそ、人間主義をモットーとする坂本氏ならではの面目躍如の姿である。

引っ越しで分かる人柄

坂本氏荒川警察勤務時代。吉岡達治（仮名）という上司が荒川署長として赴任してこられた。上司の家で引っ越しがあるということで、柔道の選手が呼ばれたという。そして手伝いに行った時のこと。これが人の常というものであろうが、皆は上司の家族に少しでも認められたいと思うのであろう。「奥さん。次どこやりますか？」などと言いながら目立つところを重点的に掃除していた。坂本氏は便所掃除を終わらせ風呂場ですのこを一生懸命洗っていた。雑巾で思いっきり拭いた時、勢いあまって、スノコのトゲが指に刺さって血が出てきたという。坂本氏はその指を水で洗って口でくわえて血を吸い出していた。その姿を吉岡氏の娘さんがたまたま見つけて介抱してくれたらしいが、そのことを父である吉岡氏に話したのであろう。

「あいつは俺のとなりの唐津だろう？（吉岡氏は福岡）今度官舎に呼べ」と言って、それからは吉岡氏は何かにつけ、坂本氏に目をかけてくださったそうである。

その後も何回となく引っ越しの手伝いに呼ばれたという。

そして吉岡氏は親父のように「重則、重則」と名前を呼び捨てにし、可愛がってくれたそうである。坂本氏も布団敷きや健康のための栄養ドリンクの用意までし、さらに最後は奥さんの肩もみまでしてあげたという。坂本氏は当時すでに結婚されていたが、そのようなことは元来いとわない方であった。それを見ていた吉岡氏の娘さんは、

「坂本さんも奥さんが待ってる身なんだから、早く帰してあげなさいよ」

と諫めてくれたという。筆者もその上司に会わせていただいたことがあった。おおらかで豪快な人であったと記憶している。そして私たち夫婦の結婚式はもったいなくも、その娘さんが経営している黒門会館で挙げさせてもらったのである。

私事になってしまったが、坂本氏としては人の嫌がるところを掃除するといったようなことは、小さい頃から母の姿を見て育ってきており、当たり前のことであったのだろう。が、それをすばやく見つけたその娘さんも、それを聞いて部下の目に見えない心を感じ取ったその上司も、人間を見抜く眼力を持った人だったのであろう。そしてその後、坂本氏の親友の牧野氏（仮名）が吉岡氏を囲む会を作ったという。その時の記念写真も残っている。

書記長と対峙する

浅沼稲次郎氏といえば一九五〇年代から一九六〇年にかけ社会党のリーダーとして活躍した人物として知られている。しかも何といっても日本国民の目に焼きついているのは日比谷公会堂で演説中に山口二矢《おとや》という十七歳の右翼少年に刺し殺されたショッキングな場面であろう。

生前は「人間機関車」という異名を取り多くの大衆から愛された政治家でもあった。まさに猛牛のような政治家であった。これはちょうど浅沼氏が飛ぶ鳥を落とす勢いの頃の話である。

坂本氏が警視庁第一予備隊（後の機動隊）に所属し、巡査として警視庁の正門前で立番していた時の話である。前方から、のっしのっしと歩いてくる人物がいた。よく見ると社会党書記長の浅沼稲次郎氏であった。アポなしの訪問である。浅沼氏は、

「ごめん総監に会う」

と、それだけ言って庁内に入って行こうとしたため、

「おう、まて！」

と、坂本氏は声をかけた。

玄関先でごたついた場合上司を呼ぶように、坂本氏は以前から受付に話してあった。そしてまさに「行かせろ」「いや行かせぬ」とそういうトラブルになったため、直ちに巡査部長ともう一人警察官が玄関に来た。そして坂本氏はもう下がってよいということになったのであるが、坂本氏が引き際に言った言葉。

「もし三宅坂の社会党本部に突然右翼が来て、『委員長に会いたいから通せ』と言ったら簡単に通しますか？　浅沼さん」

と一言。

「なんだ。俺のこと知ってるんじゃないか！」

と浅沼氏は捨て台詞を残してその場を立ち去ったという。

その後浅沼氏が総監に会えたのかどうかは定かではない。しかし考えてみると、つい二、三年前のことであろうか？　オウム真理教の指名手配犯のHが警視庁に自首してきているのを、どういう訳か分からないが、「丸の内警察に行きなさい」と、すんなり重要指名手配犯を取り逃がしている姿と、どうしてもオーバーラップしてしまうのである。この違いはいったいなんなのであろうか？　断っておくが筆者はこの一警察官を責めるというより、今日日本の社会全体を覆う平和ボケのようなものを危惧するのである。

針と糸

同じく坂本氏、第一予備隊時代。警視庁の法務省側通用門で立番をしていると、ある男性（警察関連のニュースを主に扱う新聞社の記者）の背広の裏生地が垂れ下がっているのを発見。その記者に声をかけて背広を脱がせて、携帯していた針と糸でその場で縫って差し上げる。本人は感激し、「お蔭様で帰りは恥をかかないで済みました」と新聞に感謝の記事。

後に「落としの神様」といわれた坂本氏であるが、こういう細やかな神経の持ち主だからこそ、警察を蛇蝎《だかつ》のように嫌った過激派の多くも人間的に頭を下げざるを得なかったのであろう。そう考えるとどんな思想の違い、民族の違い、宗教の違いも、人間という共通の思いやりがあればその心は必ずや通ずるのではないか？　これがまさに坂本主義の真髄ではなかろうか？　しかもそれを自然体で行えること自体、私たち常人では真似のできないことである。

部下を救い出す

第一予備隊時代。革マル派のデモがあったこの日、警備のため坂本氏も出動した。アメリカ大使館前にさしかかった時、そのデモの隊列に一人の隊員が巻き込まれた。しかもよく見ると、自分が日頃可愛がっている部下ではないか？　それを見て坂本氏はもう一人の隊員に声をかけたが、彼は聞こえないふりをしたという。

それで坂本氏は単独で危険をも顧みずとっさの判断で巻き込まれた部下を羽交い絞めにして、デモの隊列から引きずり出し事なきを得た。しかし坂本氏は急激に大変な力を使ったため、背中は肉離れを起こしていた。デモ終了後、全機動隊員が校庭に集められて並木隊長から、

「今日の坂本氏の行動は素晴らしい行動であり、手本である」

と、お褒めの言葉をいただいたそうである。

とっさの親切もできるし、とっさの人命救助もできる坂本氏であった。

九死一生

同じく第一予備隊時代。明治公園で革マル派八百人ほどのデモがあった日のこと、彼らは道いっぱいに広がっての違法なフランスデモ（手をつないで道路いっぱいに広がって行進するデモ）を繰り広げていた。ただその日のデモは誰も逮捕しないという警備方針であった。

革マル派というセクトは同じ過激派であっても、火炎瓶や爆弾事件などはさほどやらない組織温存型の党派なので、ある程度警備側もその流れが読めるのだろうと思う。

にもかかわらず青山通りにさしかかった時、

「あのリーダーを捕まえろ！」

と逮捕の指令が出た。リーダーを逮捕するため、坂本氏は思いっきり飛び込んだがその隊列に巻き込まれ脱出不能となる。

八百人という隊列の圧力は半端ではない。またたく間に坂本氏はデモの中に飲み込まれてしまった。

坂本氏はとっさにエビのようになって体を守ったが脊髄を損傷し、長い間この痛みと闘わなければならなかった。

私服刑事に抜擢

代々木警察警邏課交番巡視時代。代々木警察といえば、渋谷とか新宿という大都会に囲まれて、どちらかといえば谷間で、町並みも品がよく事件の少ないところであった。しかしそんなところでも坂本氏は次々と実績を上げていかれた。

ある日警邏で交番に立ち寄ると、森戸組（仮称）の準構成員が押し売りをやっているとの情報。交番勤務の巡査は「どうしよう」と戸惑っている様子。

「どうしようって言ったって捕まえるしかないでしょう?」

と言いながら警察署のほうにパトカーを依頼すると、

「今パトカーがいないけど、お前は柔道が強いから一人で連れてこられるだろう。脅かしてでも連れてこい」

と言われ現場に急行。そして犯人を同行。

「お前逃げたら拳銃で撃つからな」

と脅しながら、一人で連行したという。その後、別件の某社の雇い人による給料泥棒も一人で捕まえて自供させてしまった。坂本氏は「どうせ会社側は自分のところの社員なのだから、告訴もしないだろう」と任意捜査簿に記帳。そして褒章関係は皆部下に行くように手続きしてしまった。

そのキップの良さと仕事ぶりに、上司の本宮（仮称）次長は「褒章関係は俺がやる仕事なのに、坂本は全部やってしまった」とあきれるやら、感心するやら。

その上司に惚れられ、「本当は六カ月経なければ刑事になれないが、お前は明日から私服で来い。それでマル暴と知能犯をやれ」と下命される。坂本氏はこの時すでに「捜査専科講習（刑事になるための登竜門）」を受けていたため、即刑事となった。

右翼団体幹部逮捕、解散へ

護国青年隊の高橋（団体名、名前共に仮称）といえば、大物右翼としてその名は政官財にも知れ渡り、大物政治家との親密な付き合いも取りざたされるほどの人物であった。

坂本氏が代々木警察のデカ長だった時代。若かりし頃の高橋らが乗った車の前をダンプカーが道をふさいでのろのろ走るのに腹を立て、ダンプカーを道路脇に止まらせ、運転手を木刀で袋叩きにした事件であった。

車のナンバーから、やったのは「護国青年隊」のメンバーと分かった。そこで坂本氏を筆頭に「青年隊」の本部にのり込むことになった。

「青年隊長の高橋には昔、捜査の関係で世話になったことがあるんだよな」

門田（仮称）署長がつぶやいた。すると、坂本氏は、

「分かりました。高橋は自分の協力者ということで私が悪者になりますから」

と一言。そして検事から令状を取り、

「かくかくしかじかでうちの署長は高橋からむかし世話になったということです。ダンプの運転手には私が五万払っておきましたから和解になるでしょう」

と話をした。検事も坂本氏の気性を良く知っており、

「組織犯罪というと暴力行為ということになるが、偶発的な事件ということであれば傷害事件ということで処理できるでしょう」

ということになった。その後「青年隊」の事務所にがさ入れに行くと、丸刈り頭の男が叫んだ。

「サツだ！」

「おい大騒ぎするな。黙って高橋を出せ」

坂本氏はそう言った。そして、出てきた高橋に、

「うちの署長が世話になったということだから、逮捕はするが悪いようにはしないから、黙ってついてこい」

と伝えた。そして被害にあったダンプの運転手には、

「相手は右翼だからあんたもあまり関わりを持ちたくないだろう。これで傷を癒してくれ」と言って自分のポケットマネーから五万円を渡した。

ダンプの運転手はビックリするやら喜ぶやら、これで示談成立ということで高橋は罰金刑で一件落着となった。

ダンプの運転手にしても後腐れなく清々したことであろう。

こうしたやり方は右翼団体と癒着しているのではないかとみられるかもしれない。しかしこうして相手に意気に感じさせることによって徐々に穏健な右翼団体へと脱皮させようとする、坂本氏独特の技であると筆者は思う。

何事も大岡裁きのできる坂本氏であるが、こういうところにぞっこん惚れ込む上司もあれば、規則で凝り固まった上司は苦々しく感じるのかもしれない。

要は坂本という人間を頭だけで捉えるのか？「腹、心」で捉えるのか？という違い

なのであろう。そして氏の度量と人間性に惚れ、坂本氏の指示によって護国青年隊は後日解散。後に、より穏健な日本青年同盟（仮称）を結成した。（つまり坂本氏の哲学は「犯罪は決して見過ごさない。ただし初犯は再犯を、再犯者には累犯をさせない」これである）。

話は変わるが、当時隊のメンバーであった神山氏（仮称）は数十年後、K市の市議会議長になっておられた。その現職の頃であったか、坂本氏が奥様と一緒に歩いているのを見かけたという。奥様と一緒だったから声をかけなかったそうである。坂本氏は右翼であれ、ヤクザであれ一個の人間として付き合うが決して癒着はしない。現代版アンタッチャブルそのものである。それを地で行く例を次に紹介させていただきたい。

親分、組を解散する

代々木警察デカ長時代。当時大島連合（仮称）といえば、東京では名の知れた一大任侠団体であった。そのような親分を坂本氏は更生へと導いた体験をも持っておられる。その親分の大島菊次郎は起訴後の保釈中であり、結審すると刑務所送りの身であった。彼は入獄逃れのため、某病院に入院しているのではないかという嫌疑をかけられていた。したがって刑事が病院に張り込んでいた。

ある日、張り込みの刑事が見に行くと病室に本人はおらず、見込み通り、入獄を免れるための偽装入院だということになった。

結局、坂本氏が部下からの報告を受けて出向いて行くと、張り込みの刑事が「今は本人はいます」とのこと。

坂本氏はその前に病院の先生のところに行って、カルテを見て病気かどうかを確かめられた。医者の話では腸に癒着があるという話であった。なかなか素人では分からなかったが、確かに薄く癒着らしいものを認めたという。それ以上は細かいことは詮索せず、その親分のところに行かれた。そこで坂本氏の尋問と説得が始まった。

「俺の部下が見にいった時はいなかったそうだがどこへ行ってたんだ?」

「金がないので銀行に金を借りようと思って、外出してたんです」

と言うと、坂本氏は、

「こんなことばかりしていても埒があかんだろう? 病気療養に専念しているということにしておくから、自分の持ち金があるなら、その金を子分に少しずつでも与えて解散したらどうだ? 無理にとは言わんが」

と切り出した。しばらく考えていた親分も坂本氏の言うことで大島組を解散することにしたという。坂本氏の口先ではない態度そのものが、相手を人間的に魅了してしまうのだろうか？

結論までさほど時間はかからなかった。後に過激派がバタバタ落ちたのも、恐らくその毅然たる態度、人間性に圧倒されたからであろう。後日代々木警察まで代貸を務める男が訪ねてきて、

「親分は、昨日府中刑務所に赤落ち（刑務所に行くこと）しました」

とわざわざ告げにやって来たという。そしてご丁寧に、その組の解散式に坂本氏とその部下も呼ばれ、その前で親分自ら坂本氏のことを紹介し、

「手前ら、この人は坂本さんという人だ。この人に病院入院中には大変ご恩になった。この人の言いつけを守って組は解散する」

と坂本氏に金杯を渡し、その組長の号令一下、解散式を終えたという。ヤクザの親分が組を解散させるというのはそうたやすいことではない（暴力団対策法ができて以降は解散する組も多くなったったと聞くが、当時はまだまだ大きな勢力であったと思う）。にもかかわらずそういう決断を下すということは男が男に惚れたということであろうか。

つまり、その人間に魅了されるのはヤクザも過激派も関係ないということである。要は、

相手の立場に立って物事を考えられる気配り、心配り、そして裸の人間性であろう。

監査官を逆監査

代々木警察デカ長時代。ある日監査官の査察があった。

「百二十件もある告訴をなぜ処理できないのか？」

と監査官が坂本氏に問い詰めたところ、

「それらは私が八十件ほど、私の上司が四十件ほど今処理中です。他にヤクザの更生なども扱っており、つつがなくやってますよ。よく調べてください」

という明快な答えが返ってきた。その監査官は部署に戻り、上司に、

「代々木の若い部長刑事に自分がすっかり監査されました」

と報告。

その話を聞いた上司が「見所あり」として坂本氏を警視庁の捜査三課スリ係に引き抜いたのであった。確かにこういう部下を持った上司はさぞ鼻が高かったことであろう。

そしてそれがきっかけで坂本氏は警視庁の捜査三課に配属されたのである。坂本氏はそ

こで警視庁の大物と知り合うことになる。

東京のスリを一掃する

このようなことをいうと語弊があるが、当時、上野駅は庶民の町というイメージが強く、金持ちはさほど集まらない。したがってスリも少なかった。スリを現行犯で捕まえるということは大変であった。まずそれらしい人間を見つけ出すこと自体、砂漠でダイヤを拾うごとき大仕事であり大変な忍耐のいる仕事である。しかし坂本氏が一人で駅のホームで張っていると、実にスリらしき人物が現れたのである。その時は運悪く他の刑事たちを先に上がらせていたため、そのまま一人電車に乗り尾行。案の定坂本氏の第六感が当たり、犯行現場を確認。隣の御徒町駅でスリを現行犯逮捕。その際スリが落とした現物を足で確保、そして被害者に実際に被害にあったか確認、そして被害者も確保。しかもスリに手錠をはめて身柄確保という一人三役の仕事をこなしてしまった。そして万世橋警察署で犯人の取り調べをしている時、部下たちが合流してきたという。上司に何から何までやらせてさぞ部下たちはばつが悪かったことであろう。

そんな時に、花の二八組《ニッパチ》（昭和二十八年に大学を卒業した学年で、官僚や経済界などで多種多様な人材を輩出した）で、京都大学卒、しかも上級職試験総代で神田警察の署長であった村上氏が捜査三課長として赴任されてきたのであった。まさに坂本氏との運命的出会いであった。氏は「警察は陰気くさいので新風を吹き込む」と、放言されていた。

坂本氏は大いに対抗心を燃やし、「係別会議を開いてくださいよ」と言って会議に臨まれたのである。そこで、スリをこれまでの現行犯逮捕から、写真撮影による令状逮捕をできるように一巡査部長が提言したのである。それを村上氏が採用。それ以降人スリがドンドン摘発され東京からスリがいなくなってしまったのである。その後坂本氏は警部補試験に合格。赤坂警察に赴任する。そしてそこで東大闘争の屋上責任者の京都大生を取り調べ、更生に導かれたのである。これが坂本氏の公安事件への関りの第一歩となった。そのような坂本氏の働きを村上氏は高く評価されていたのであろう。

その後、赤坂警察でも大きな実績を上げていた坂本氏を村上氏は公安一課に推挙されたのである。氏は警察きっての改革派でもあり、これまた改革派の坂本氏とは、上下関係はあっても同志のような存在であったと思う。しかし残念なことに、そのような村上氏が五十代の若さで急逝されたのである。このことは警察にとっても不幸なことで、坂本氏にとっても痛恨の極みであったに違いない。この方が生きておられたら、きっと警察は変わっていたであろう。
まさに「巨星堕つ」の感があった。

予期せぬ悲劇

昭和三十八（一九六三）年、坂本氏がスリ係として上野駅で活躍していた頃、突然鉄道公安官が来た。自宅から電話が入っているとのこと。

聞くと九州の母が亡くなったという。

鉄道公安官の方は親切に、

「今から家に帰っていたのでは遅くなるから、お金ならある程度は用立てられますよ。寝台車を予約しましょうか？」

と言ってくれたが、坂本氏はそれを丁重に断り、奥様に電話をして立川駅まで現金と着替えを持ってくるように頼んだ。何事も人に迷惑をかけたくないという坂本氏の配慮であった。しかし最終的に寝台車は鉄道公安官側のほうで用意をし、坂本氏は改札口でそれを受け取ることができたという。

坂本氏は直ちに上司の許可を取り九州へ。そこでお母様が交通事故で亡くなったことを知る。

現場は唐津市内の農協のセリ市の広場。しかもお母様は歩道側にいて、石炭会社のダンプに追突された運輸会社の車が車道から歩道に乗り上げ、轢《ひ》かれて亡くなったらしい。

妹の話では後ろから追突した車と追突された車が、「お前がぐずぐずしているから当たったんだ」いや「当てたお前が悪い」と責任のなすり合いをしていたとのこと。早速坂本氏が現場を実査すると、お母様の下駄が現場に転がったままであった。

義憤を感じた坂本氏は唐津警察に乗り込み、

「運転者同士、遺族の前でお互いに責任を擦り付けあっていたというが、こんなことは東京では一切やらせないぞ。しかも母の下駄は現場に投げ出されたままで……。警察はどんな事故処理をしているんだ⁉」

と交通課長に厳しく迫ったそうである（前述の小倉氏が唐津警察から聞き込んだ話はこの時の逸話である）。そして坂本氏はその場で母を殺した両会社に民事裁判を起こすことを決めたという。そして母の弟に、

「今は忌引きだからもう一度東京に戻って今度は休みをもらってくるから、その間に城内（唐津市城内）一の弁護士を頼んでおくように」

と告げた。そして死体安置所でお母様と対面した坂本氏は、

「お袋よ。仇《かたき》は討つから成仏せい」

と拝んだそうである。いかにも、坂本氏らしい別れの言葉である。

その後裁判が始まり、坂本氏側の弁護士は、情状証人として出廷した坂本氏の兄弟に、

「お母さんを東京オリンピックに連れて行きたかったんですよね？」

などと、緊張感のない質問をしていたという。それを聞いて坂本氏はその日の公判終了後、持ち前の勘の強さで、

「母は取り替えられないんですよ。故郷に母がいてくれるということが心の支えなんですよ！　オリンピックに連れて行くとか行かないとかそんな問題ではないんですよ」

と弁護士の的外れな質問に異議を申し立てたという。

その後坂本氏の兄弟が証人尋問に次々と立ったのであるが、喋るのが下手で、どうにも証言が要領を得ない。それを見ていた相手側の弁護人がニヤニヤと笑っていたそうである。

そこで坂本氏が証人台に立って、

「母の死を再現する法廷で弁護人はニヤニヤ笑っているが、不謹慎ではないか？」

と切り出したそうである。

その一声に法廷内は一気に緊張感が高まった。結果、この裁判は賠償金の請求額が当初

郵便はがき

料金受取人払郵便

新宿局承認

1409

差出有効期間
2021年6月
30日まで
(切手不要)

1 6 0-8 7 9 1

1 4 1

東京都新宿区新宿1－10－1

(株)文芸社

愛読者カード係 行

ふりがな お名前		明治 大正 昭和 平成	年生 歳
ふりがな ご住所	□□□-□□□□		性別 男・女
お電話 番 号	(書籍ご注文の際に必要です)	ご職業	
E-mail			
ご購読雑誌(複数可)		ご購読新聞	新聞

最近読んでおもしろかった本や今後、とりあげてほしいテーマをお教えください。

ご自分の研究成果や経験、お考え等を出版してみたいというお気持ちはありますか。

ある　ない　内容・テーマ(　　)

現在完成した作品をお持ちですか。

ある　ない　ジャンル・原稿量(　　)

書　名			
お買上 書　店	都道　　市区 府県　　郡	書店名	書店
		ご購入日	年　月　日

本書をどこでお知りになりましたか?
1.書店店頭　2.知人にすすめられて　3.インターネット(サイト名　　　)
4.DMハガキ　5.広告、記事を見て(新聞、雑誌名　　　)

上の質問に関連して、ご購入の決め手となったのは?
1.タイトル　2.著者　3.内容　4.カバーデザイン　5.帯
その他ご自由にお書きください。
(　　　)

本書についてのご意見、ご感想をお聞かせください。
①内容について

②カバー、タイトル、帯について

弊社Webサイトからもご意見、ご感想をお寄せいただけます。

ご協力ありがとうございました。
※お寄せいただいたご意見、ご感想は新聞広告等で匿名にて使わせていただくことがあります。
※お客様の個人情報は、小社からの連絡のみに使用します。社外に提供することは一切ありません。

■書籍のご注文は、お近くの書店または、ブックサービス(0120-29-9625)、セブンネットショッピング(http://7net.omni7.jp/)にお申し込み下さい。

より一気に跳ね上がったそうである。

坂本氏はこのような結果を期待していたわけではない。理不尽には毅然と立ち向かう坂本氏の真摯な態度に、裁判官が心を動かされたということだろう。その賠償金のお陰で前述した連帯保証で厳しかった坂本氏の本家は家屋敷を取られずに残ったのである。

お母様はまさに身をもって坂本氏を守ったということであろうか？　それにしても悲しすぎる結末である。

土地購入とトラブル

代々木警察時代。

「お前は儒教の精神があるから社会のことばかりやっているけど、いつかガード下で暮らすことになってしまうぞ。土地を紹介するから家を建てろ」

と、坂本氏は親友の平山氏（仮称）に言われた。そして、平山氏は警察の共済からの借り入れの連帯保証人にまでなってくれたのである。

しかしある日、かかりつけの大工から「ここには家が建ちませんよ」と言われびっくり仰天。見ると隣の家の境界杭が坂本氏の敷地に食い込んでいた。溺れる者は藁をも摑むの心境で坂本氏は平山氏に連絡。一緒に立ち会ってくれるように頼むが、警察大学にいるから行けないという。

坂本氏は仕方なく大工と隣地の方の立ち会いで測量をしなおし、境界を決め、事なきを得た。

天下の怪盗、人間刑事に下る

赤坂警察警部補時代。太田成一氏（仮称）は京都の名家に生まれ何不自由なく育った。しかし魔がさしたというのか、氏は小さい時に自転車泥棒をして親から大変疎まれ、家には裏口を使って出入りするようにさせられたという。それで彼は「よし、日本一の大泥棒になってやろう」と決心。高額窃盗を繰り返すようになった。ハンチング帽を被り芸術家のような格好をして一流料亭などに飾ってある名画等を風呂敷に包んで堂々と持っていってしまうという手口を繰り返し、赤坂警察に捕まっていた。

調べは大部屋であった。坂本氏は警部補で直接担当していなかったが、調べは「この泥棒野郎！」「大馬鹿野郎！」とか、散々であった。

坂本氏は見るに見かねて「いくら泥棒でも、もっと人間的に扱えないのか？」と、調べの刑事を諫めたりされていた。

日曜日の雨の日、坂本氏は宿直責任者であった。ある被疑者の母が訪ねてきた。なんでもその被疑者の家に拘留通知が行ったという。被疑者のその母は顔も青ざめ哀願するような目をしていた。坂本氏は、応対に出た刑事から相談を受けた。

「主任さん、今日は日曜だから面会はできませんよね？」

「そんなこと誰が決めたんだ。ひょっとしたら息子に離婚話でも出ているかもしれんじゃないか？　俺が責任を持つから、ゆっくり会わせてやれ」

結果的には、坂本氏がこの母親と被疑者との面会の立会人になったという。大部屋で調べられていた太田氏はこの一部始終を全て見ていた。

そして突然太田氏は調べの最中に、

「一度留置場に戻してください」

と言い出した。一度留置場に入り、今度は酔っ払い等を保護する「保護房」で坂本氏に会いたいという。

そこで坂本氏が太田氏と初めて向き合うこととなった。

そして太田氏はしみじみと語り始めた。曰く、坂本氏のさきほどの被疑者の母親に対する人間的処遇を見て感激。坂本氏に対し、

「これまで黙秘していましたのは妹の結婚式が近くあるものですから、今自供したら新聞に私の名が出ると思いましたので。しかし坂本氏の人間的扱いを見て、私の気持ちは変わりました」

と心境を明かした。すかさず坂本氏は答えた。

「太田君、それでいいんだよ。君のその妹を思いやる心が社会を思う心なのだから」

これ以来、太田氏は黙秘を解いて坂本氏に全面自供し、さらに驚くべきことに彼は、

「自分は網走刑務所で、体に染み付いたアカをゆっくりと落としてきたいです」

と言うのである。そして網走刑務所に自ら志願して入獄した。常識的にいかに累犯の高額窃盗犯であるとはいえ、普通の窃盗事件で網走に行く（高倉健の映画でも分かるように、皆凶悪犯とかヤクザとか半端でない人たちが務めているところである）など考えられるだろうか？　ここに坂本氏と太田氏の立場を越えた師弟というのか人間的信頼関係、もっと言えば友情のようなものが芽生え、まさにこの人を信頼するからこそどんな極寒の地でも耐えられるという、強い決意が太田氏に生まれたのであろう。そして坂本氏から受けた人間的説得がそれほど彼の心を動かしたのである。まさに前科何犯の怪盗をそこまで猛省さ

せた坂本氏も半端ではないが、この太田氏とて真に只者ではなかったと思う。遠く網走から坂本氏にあてた手紙や、坂本氏の返礼の手紙なども残されている。

その一文をここに紹介させていただく（残念ながら太田氏は故人となってしまわれたが、この書簡は生前本人から「社会のために役立つなら、公開されて結構です」と承諾を得ている）。

*

拝啓
暖かい毎日が続くと思うと、雪が降ったり文字通りの網走は三寒四温の今日この頃です。暫時ご無沙汰いたしておりましたがその後お変わりありませんか？

先日「よど号」の事件が突発した時、当然のように坂本さんのお顔が浮かんできました。切歯扼腕なさっているお姿が手に取るように想像できます。

以前頂戴しましたお手紙に「最過激派の『赤軍』の最高幹部と四つ組みで頑張っている」と記してありました。誰よりも人一倍正義派の坂本さんが、社会の声を黙って聞いていられるはずもなく、縦横無尽に飛び回り、また命令されて奔走されていられることと存じます。

安保問題も近づいていますので何卒、無理をなさらぬようにご健闘をお祈りいたします。

さて私、所内の成績を長に認められて、便箋封筒の使用が許可される身となり決められた月々の発信を一回から二回、そして現在は四通まで許可される処遇を受けております。これからも徐々にお手紙を差し上げたいと思っています。

坂本さんには隠しておりましたが、別居していた女房が今月十三日になくなりました。十二年間苦労ばかりかけてきた妻ですが、更生した自分の姿が見せられなかったのが遺憾に思えてなりません。残刑が一年一カ月あまりとなり、気が楽になっていた折だけにちょっと精神的ショックを受けましたが明日に希望を持って頑張ります。二メートル近くあった積雪もその大半が解けて黒々とした土の色が懐かしく私たち北国に住むものに、春の訪れを知らせてくれます。天心まで澄んで見える青空に鳶が大円を描いて舞う姿は東京では望めぬものでありましょう。当代の署長のモットーに「自然に還れ」とあります。許されて自由の身になったときは、またメカニックの渦巻く都会の金属音の中で生活するのかと思うと、いささかうんざりさせられる気分にもなります。

「田園の憂鬱」ならぬ「都会の憂鬱」とでも申しましょうか。

現在獄に身を委ねているため、出たい出たいの一心ですが一歩自由の身となって、外に出た時厳しい現実の社会が待ち受けていると思うと、さすがに躊躇させられます。容易に再犯者が出るのは其処に現実を無視した、アンバランス（理想が先立つため）に刑余者の足をすくわれるのではないでしょうか？　拘禁生活を余儀なくされておりますと、頭に去来するのは楽しかったこと、面白かったことばかりで、案外辛かったことなどは思い浮かばないものです。そして服役期間のブランクが時代錯誤を生み、それがあせりにデフォルメ（変形）するのです。

世の中が冷たいからとか、前科があるからなんていうことは甘ったれた詭弁にしかすぎません。現実にしっかりと足を踏みしめて、自分を信じて生きてゆけば、再犯など容易に生まれるものではありません。過去私はそれをよく認識していながらも惰性に流されるように悪の水に流されて大海の河口まで押し流されてきました。このままでいれば生涯陸地に戻れぬ海の果てに自分を葬るところでした。

ここで私は坂本さんにお会いできたことを奇跡に感じ、改めて感謝せずにはいられぬ自分を感じます。

私に課せられた生涯のテーマは、貴方をそして世間を裏切らないことです。高岡さんの私へのご好意、森さんや大山さん、大黒さんの微笑が懐かしく脳裏に浮かんでまいります。

ではご多忙の日々が連続するでありましょうが健康にはくれぐれもご留意のほど、拙筆をお詫びいたします。

昭和四十五年四月二十日

太田成一

坂本係長様

＊

拝復

まず奥さんの死去について心から追悼の意を表します。

この事実は貴方の境遇から共に不幸なことでした。

さて懐かしい親書有難うございました。

読み続けるうち貴方の人間に目覚めた、美しい心情に触れ途中たまらなくなり席を立ちただ一言

太田立ち上がってくれ

とその場を離れ洗面所に行き一人泣いた。

これは貴方の心の中に入り、心に触れたものしか分からない心情だろうと思います。

また不徳非才な私のためかくも人間に目覚め、美しくまた、たくましく生きんとする貴方の姿に私は深く感謝せざるを得ません。すでに周知の通り、何人もこの世に生を得た以上尊重され幸せでなくてはなりません。

ところが現実の社会は未だこの精神が、貫かれておらず、特に不幸にして道を踏み外した人に対しては無視どころか社会を防衛するという名において、社会の隅に追いやられる現況を見ると何か憤りを感じます。

まして全体の奉仕者であって一部の奉仕者でないとされた、警察人の中にかかるものがあってはならないと思います。

社会の安寧、秩序の維持とは現存する全ての人が平和で豊かな生活を送ることを守る、と解されよう。これこそ警察の至上命令、使命感であるわけです。この使命感を理解せず、ただ秩序を乱した現象面を捉えその排除のみに意を用いることは真の処置ではなく、必要なことは四周を適確に捉え、その処置、善導が大切だと思います。

長期にわたり繰り返して申した、「人とは社会とはまたその価値観とは」を、もう一度吟味してもらいたい。人が平和で豊かな生活を送る。理想の社会実現に何人もこれに意を用いる責任があります。がしかし、現実の社会はその理想に程遠いと思うとき誰かが範とならなければならないのです。

かような意味から微力なりと不幸な境遇の身にある貴方がその道を説き自らが実践を示す必要があります。

以上の理由をもって、是が非でも貴兄の更生が待ち望まれます。それが全ての人の幸せにつながる唯一の道です。

貴兄の自尊と健闘を祈る。

敬具

昭和四十五年五月二十日

坂本　拝

理想に燃え、健闘中の

太田成一様

追伸　早速返書と思いましたが雑事に追われ今日になったことをお許しください。

＊

このような真剣なやり取りがなされ、この太田氏は出所後さまざまな紆余曲折を繰り返しながらも、下水道工事の営業マンとなり、警視庁の出入り商人にまでなったのである。

（談笑する坂本氏と太田氏。人間とは社会とはを熱っぽく語っておられるのでしょう）

そして彼の出所時の逸話がある。ある日、坂本氏の調べ室に「太田という人が面会に来てます」と連絡が入った（当時、坂本氏は警視庁勤務であった）。急いで正面玄関に行くと、あの太田氏が野球帽姿で「ただいま帰りました」と、土下座で挨拶したとのこと。

「太田、今日は京都に帰るのか？」

「いや帰りません」

「それでは今日はうちに泊まれよ」

そうして彼は坂本家に泊めてもらうことになったのである。奥様に連絡すると、さすがの気丈な奥様も、

「そんな人うちに泊めて大丈夫なの？」

と言う。そこで坂本氏。

「いくらなんでもこの家まで担いで持っ

ていかんだろうよ。ワッハッハ」

とまあこういった具合で太田氏は出所後第一日目を坂本氏の自宅で過ごすことになったのである。筆者も彼には坂本氏宅やその他でたびたび合わせていただいているが、中でも昭和六十三年正月に坂本氏宅であった時は、彼が色紙に俳句を詠んでくれている。

「若竹の伸びる姿や初春の」

これは私たち以外にもボランティアの若者が坂本氏宅に集まっており、その時の光景をさっと詠まれたものである。真に彼は感性的にも素晴らしい逸材であったが、早く逝かれ本当に惜しい限りである。無粋な私共にはとても真似できない芸当である。

前ページ写真の後ろを向いている、向かって左側の男性が太田氏である。こういう会合にもよく顔を出されていた。

京大全共闘学生更生

赤坂警察時代。東大闘争屋上責任者を取り調べ、本人を更正に導く。過激派更生の第一号となる。

本人は京都大学の薬学部で他の兄弟は皆京大の医学部であった。そんなことが彼の挫折感に繋がったのか、彼を過激な運動へ追いやったのである。彼は京都大なので東大闘争支援のいわゆる外人部隊であった。彼の母は坂本氏の足元にすがりつかんばかりにして、「息子を助けてください」と、懇願する。

結果、この京大生は坂本氏の真摯な人間的説得の前に人間的再生を誓う。釈放当日は姉が身元引き受けとなって無事京都へ戻ったという。

「小さな親切実行章」

坂本氏が赤坂警察時代、高額窃盗犯の太田成一氏を人間的更正に導いたことが高く評価され、警察庁長官より推薦があり、元東大総長茅　誠司氏が代表（当時）の「公益社団法人　小さな親切運動本部」より坂本氏に「小さな親切実行章」が贈られている。

その言葉は以下の通りである。

新井警察庁長官よりご推薦のあった親切な御行為は、現代の暗い世相にほのぼのとした

（「小さな親切」実行章贈呈式でスピーチをする坂本氏）

光を与えるものであります。ここに『小さな親切』実行章を贈呈し、深甚の敬意を表します。

昭和四十四年三月十日
社団法人『小さな親切』運動本部
代表　茅　誠司

警察官の中にも、どれほどこのような表彰を受けた方がおられるか知る由もないが、犯罪者の更生ということでこうした賞状を受けた方は、果たして他におられるのだろうか？

将来の警察像を垣間見た思いである。こうした人間的更生に向けた取り組みは現刑事政策の中にあっては、単に理想論くらいにしか扱われていないようである。したがって予算も皆無であろう。しかし坂本氏はそうした中にあって身銭を切ってでも取り組みを行ってこられた。これが先駆者の歩く道なのであろう。その表彰式で坂本氏は代表挨拶をされたのである。（一部写真が損傷しており恐縮であるが正面に写っておられるのが坂本氏）

列席者の中には先の警察庁長官始め、秦野章警視総監もおられたという。

秦野氏は総監になられてから、日本社会の革命前夜的な状況を苦慮して、「刑事部で仕事のできる者を公安部に呼べ」と指令を出された。この時、秦野氏には坂本氏のことが念頭にあったに違いない。なぜなら秦野総監はその表彰式に立ち会って、坂本氏の代表挨拶も聞かれ、人柄をも垣間見られているからである。

そして刑事部長が公安部に坂本氏を推薦することになる。この刑事部長が、先の坂本氏が太田氏を更生させたことに関し、警視庁機関紙『自警』のトップ欄にて「こうした仕事ができることをまさに『刑事冥利』である」と、その実績を絶賛された。

個性的大物総監、うなる

警視庁公安一課時代。秦野警視総監といえば日本大学の夜学部を卒業され、まさに叩き上げで総監にまでのし上がった人物である。それだけに苦労人で現場の刑事の悩みや心も分かる方であったのだろう。

ある日突然、秦野警視総監より坂本氏の内線に直々の呼び出し。坂本氏も、とっさのことなので直接の上司の内田筆頭管理官に相談した。

内田氏もあらかじめ聞いていないので公安一課長に声をかけられたところ、

「坂本氏は直情肌だからストレートに喋らないほうがよい」

とか、取り越し苦労というのか、くどくどと苦言を呈せられていたため、

「これ以上二人から指示されると、本人だって戸惑いますよ。坂本君、思う存分に話してこいよ」

と内田氏は言われた。それでも坂本氏は気を遣って、

「それでは一人誰か立会人を付けてください」

と言って、もう一人警部補を伴って二人で行くことにした。坂本氏が総監に何か直訴し

たと思われないためであった。

階級社会である警察というのはこのように気骨の折れるところらしい。特に坂本氏のように仕事をバリバリこなす人には余計にやっかみが強いのである。案の定、総監は坂本氏が一人で来るものと思っていたらしく、二人だったので機嫌が悪く、鼻をかんだ紙をゴミ箱に入れず床へ投げ捨てたという。

そうこうするうちに総監に来客があった。

「ちょっとお茶でも飲んで待っていてくれ」

そういって総監は出て行き、すぐに戻ってきた。

「いやあ新任の検事が挨拶に来たから門前払いしてきた」

まさにワンマン総監の名にふさわしい言動である。

本日の用件は日本の治安を憂いた総監が、今日の過激派の現状分析を警部補の坂本氏から直接聴取するためであった。まさにこれも異例のことであり、上司の課長がおたおたするのも無理はない。いかに秦野総監が日本の治安状況を心配されていたかということ、そして坂本氏の仕事ぶりを信頼されていたかという証左でもある。

「坂本君、公安部の話では赤軍派が明日にでもつぶれるようなことを言ってるけど本当かねえ」

「最近は公安も調べができるし、機動隊も強くなっているから大丈夫でしょう」

「彼ら（過激派たち）は今後どうなっていくと思う？」

「やはり治安の行き届かないような所へ逃げてゆくでしょうね」

「例えば」

「山奥とかですね」

「それからどうなる？」

「後はアラブとか外国のほうでしょうねえ」

「うーん。そうか」

形式の話より、坂本氏の中身のある話に総監は聞き入っておられたのである。

そしてその面会も終わり、総監より内田氏に上機嫌で電話があったという。

「いやあ、こっちの質問に一つ一つ適確に答えてくれて、良い警部補を持ってるなあ。面倒見てやれよ」

お互いに叩き上げの警察官同士。相通ずるところがあったのだろう。

デモの配置を巡って上司と大激論

警視庁公安一課時代。佐藤首相がベトナムにおけるアメリカ支援を話し合ってアメリカから帰ってくる日、大規模な過激派のデモが予測された。しかし坂本氏は調べの専門官。ちょうど検事と電話で打ち合わせ中に、革マル担当の調査官が来て「いつまで電話しているんだ。早くデモの配置につけ！」と、怒鳴った。

過激派にとって調べ官は打倒の対象である。そのようなことが分かって、この上司は命令しているのか？

さすがの坂本氏もこれには楯突かざるを得なかった。

「公安の調べ官に、デモ警備の一線に立てと言うんですか？」

と、やり返したという。デモをする立場から見てもこれは常識外であろうと思う。過激派にとって機動隊より憎いのが私服警官なのである。デモ隊の人間に紛れて、逃げ遅れている人間を見るとさっと捕まえに来る。それが「公安の凄腕の調べ官」だと分かったら生きては帰れないであろう。しかし、このことが上司に楯突いたとされ、坂本氏は資料統計室に回されてしまう。しかしそこでまた内田氏と出会う。内田氏は坂本氏のことを大変可愛がってくれた上司の一人であった。彼は坂本氏が来るや否や、「頑張ったな。朝（出勤して）来たらゆっくりしてろ」と慰めてくださったという。残念ながら内田氏は浅間山荘事件で連合赤軍の銃弾を受けて殉職されてしまうのであるが。

明治公園爆弾投擲事件

警視庁公安一課時代。昭和四十六（一九七一）年六月、沖縄返還協定調印反対デモが明治公園で行われた際に、中核派のデモの隊列から機動隊に爆弾が投げられ、機動隊が多数負傷した事件があった。真っ先に中核派に嫌疑がかかった。当時の流れから考えると、やはり中核がやったのではないか？　しかも当時、中核派は他セクトから「中核派は口だけで軍事闘争（地下ゲリラ闘争という意味）はやらない。日和見主義だ」などといろいろ批判されており、プライドの高い中核派のことだから、いよいよ軍事闘争に踏み切ったのではないかというのが大半の見方であった。

それで坂本氏の前に逮捕されてきたのが中核派反戦青年委員会の三重県委員長藤波次郎

（仮称）であった。彼は中核派でも幹部クラスであったが、坂本氏は従来の調べ官とは違うと見破り、氏に心を開いていた。そこに万世橋の警察から、万世橋署に留置されている赤軍の松本博（仮称）が坂本氏に会いたがっていると連絡が入った。

松本は赤軍派の中堅活動家で、M作戦という、当時世間をにぎわせていた革命資金稼ぎのための銀行強盗事件で逮捕起訴されていた。

その松本も、互いに立場は違っても人間として坂本氏を信じてくれてもいるし、拒む理由もないので、坂本氏は万世橋に会いに行かれた。松本は明日拘置所へ移監になるので、坂本氏と会って最後のお別れをしたかったという。そこで坂本氏の名刺の裏に松本は、

「今に分かるよ坂本さん。一九七一年　弟子 松本 博」と書くのであるが、坂本氏は、

「お前が弟子と思うなら、俺を人間の師と思え。これを悪用しようと考えているなら、俺はこの名刺を破らなければならない。俺はお前の弁護士ではないからな」

ときっぱりと松本に言われた。

松本には坂本氏に取り入ることで組織への取り締まり強化を軽減させるとか、そういう意図もあったのかもしれない。

別れ際になって坂本氏は、

「ところで明治公園の爆弾事件は赤軍派の仕業ということはあり得るか？」

と尋ねた。すると松本は、

「それはあり得る」

と答えたのである。

先の藤波次郎も、

「爆弾事件は中核派ではない。前夜の法政大学の戦術会議でもそのような話は出ていない」

と、中核派の犯行を否認する発言をしていた。

それによってこの事件は赤軍派に捜査範囲は絞られてゆき、事実赤軍派の犯行であったことが坂本氏のこの一つの質問から解明されていった。

そして捜査本部で現在時点で全国で捕まっている赤軍派はどこにいるか？　ということになった。すると米子に銀行襲撃事件などで逮捕されている赤軍派がいるとのことだったので坂本氏は米子に飛び、赤軍派の一大学生を調べた。すると、

「貴方が坂本警部補ですか？　救対（過激派の救援対策本部）の話では、坂本氏は警視庁の刑事部から総監命で公安に配属され、公安事件の取調官となられたと聞きます。この人にかかると我々の仲間もバタバタと落ちる。『食わせ物だ。第二の土田だ（爆弾テロにあった土田警務部長と同じ目に遭わせろという意味）。警戒して対処せよ』との触れが出ています。しかし坂本氏の私の前途をいろいろ心配してのお話に大変感動いたしました。

救対から聞かされていた人とはまったく違いました。全てお話します」

と言い、自供を始めた。

「実は明治公園の爆弾事件は我が組織の青木（仮称）がやったことになっています。彼は高校の時空き巣で警察に捕まり、名誉挽回しようと赤軍に入った奴で、話せば事件の全貌を話すと思いますよ。刑事部の人情刑事で話してください」

この自白に基づき警視庁のデモの写真ファイルを精査したところ、果たして若い青木の写真が明治公園の林の中に写っていたのである。

青木を逮捕し調べると、明治公園の爆弾事件は自分たち赤軍派の犯行であり自分が実行犯であることも認めたのである。

これで一件落着であったが、赤軍派M作戦の松本はその後クアラルンプールで起きた人質事件で、それら人質と交換ということで中東に超法規で行ってしまった。

「テレビに映った顔は何かを思いつめたような顔だったな。本人も悩んだんだろう」

と坂本氏。

彼も冷静に考えれば人間的にも生まれ変わり、この社会で暴力などを使わずもっと人々に喜ばれる社会的活動ができたのに。情熱的で真っ直ぐな青年であっただけに、さぞや坂本氏も残念な思いであったに違いない。

鬼の目にも涙

警視庁公安一課時代。沖縄返還協定強行採決に端を発し、昭和四十六（一九七一）年十一月十九日、過激派組織が珍しく統一戦線を組んで日比谷公園で、不許可の集会とデモを組織し、機動隊と衝突した。このデモでかの有名な松本楼が焼き討ちされたのである。このデモを指揮した共産主義者同盟の大幹部、佐々木良二（仮称）を取り調べたのが坂本氏であった。

彼は坂本氏の人間的取り調べに感服し、「私は共産主義者である」と前置きし、今回の沖縄闘争の統括責任者としてその戦いの意義を表明し、あくまで黙秘という原則的立場は貫くが、坂本氏の人間共通の哲学を粋に感じ、立場はまったく違うが『貴方を人生の反面教師とする（通常反面教師とは相手への侮蔑を込めた言葉であるが、この場合坂本氏は敵権力ながら貴方に人間を教えられたと取るべきであろう）』」と言い切った。

共産主義者が取調官に対し、ここまで表明するのは並大抵のことではないだろう。しかも坂本氏に「（拘置所に）移監される前に家族と会わせてもらえませんか？」とまで願い出ている。

いかに敵同士といえども組織の大幹部がここまで一刑事に願い出ることは、よほど信頼をしてのことだろうと思う。坂本氏はその願いを快諾して、警視庁の二階の小会議室で家族と会わせたという。子供が父を見るなり「パパ」と言って飛びついていったという。そしてその時、役割分担を決め佐々木が会社の社長役。そして坂本氏他の二名の立会人が佐々木の部下役ということにして「社長今度の出張はアメリカですか?」と演技をし、子供に何も悟らせないように自然な中で家族水入らずの時間を過ごさせたという。まさにこのシーンだけでも映画かドラマにでもなりそうだが、まさにあの過激派の跋扈《ばっこ》する、殺伐とした東京でこのようなことが行われていたと考えると何かホッとさせられるのは筆者一人であろうか。

坂本氏が向き合った過激派青年たち

①京浜安保共闘の活動家。
「銃口から革命は生まれる」という毛沢東思想を信奉し、栃木県真岡市の銃砲店に電報員を装い夜中に押し入り、幼い子供を含め一家を後ろ手に縛りあげるという事件を起こした。

実行犯は三名（共犯も含めると六名）だが、うち二人が逮捕された。

彼は坂本氏の人間的説得で全面自白。裁判所で子供たちをも後ろ手に縛り上げた自らの行為を「極悪非道の行為」と厳しく自己批判したと聞く。

彼はもとより赤軍派との連合には反対であった（つまりこの連合は金が欲しい京浜安保共闘と、銃火器が欲しい赤軍との野合であった）。そのことを京浜安保共闘の女性幹部活動家に伝えていた。しかし彼女は連合を強行してしまう。

まさにそこから連合赤軍の悲劇が始まったのである。そして彼は真岡で奪った自分の猟銃が他の事件に使われないかということを危惧して、それらの猟銃を散らすように他の仲間に指示した。しかしそれは浅間山荘事件に使用されてしまう。その時、彼は猟銃強盗事件で警察に逮捕されていた。その後に発覚するリンチ事件を知り、自滅してゆく組織を見て、忸怩《じくじ》たる思いであったであろう。
②革共同中核派の女性闘士。
一九七一年十一月「沖縄返還協定調印阻止闘争」で、中核派による渋谷駅前派出所での中村巡査殺しが発生。デモの中にいたその女性闘士の友人が殺人の嫌疑をかけられていた。彼女は「彼はその現場にはいなかった」と言って友人をかばう。坂本氏も彼女の自白を信じてくれた。

その後、友人の無罪が判明。坂本氏に感謝の書簡を送る。ちなみに平成二十九（二〇一七）年五月十八日、長らく指名手配されていた真犯人が逮捕された。

中核派の女性闘士といえば口が堅いことで有名である。しかし彼女も人間刑事の軍門に下った一人である。今も書簡は残るが、その文面に残る優しい心遣いは、かつての女闘士とはとても思えないくらいである。指導如何《いかん》によって人間はここまで変わるのである。

世界に散らばっている過激派やテロリストも、ただレッテルを張るだけではなく世界の司法捜査官が本気で人間的に説得に当たればどうなのか？　という思いはある。彼らも同じ人間なのであるから。

③早稲田大学社会主義学生同盟活動家。イデオローグ。
赤軍派をかくまった疑いで逮捕。坂本氏をよく理解する。警視庁内ですれ違った奥田（仮称）が土田邸事件に絡んでいるのではと看破した（後にこの事件は無罪となるが、この件については次で詳述）。

④共産主義者同盟蜂起派軍事委員長。
筆者（河野）が所属していた組織の幹部。坂本氏の説得を聞き、坂本氏の人間性を三時間で見抜く。軍事委員長として全責任を負うと供述。この供述が、結果的に組織による筆者（河野）への憎しみを軽減させることになったと思われる（これも坂本氏の深い配慮で

あった）。

このように多くの過激派の幹部が坂本氏の門をくぐり、その多くは最後に「刑務所へ行って、ゆっくり考えてきます」と言って去っていったのであるが、彼らの中に再犯で逮捕されてきた人間は恐らく皆無か、ごく少数であったのではないか。それほど坂本氏の調べは「人間の落とし」そのものであったと言える。

土田邸小包爆弾事件

警視庁公安一課時代。なぜかくも警察関係者が狙われた事件で無罪や迷宮入りが多いのか？

昭和四十六（一九七一）年十二月十八日に発生した土田邸事件（土田国保警視庁警務部長を狙った小包爆弾事件で、開封した奥様が死亡）は、真に残忍な手口であった。そして十八人の被疑者が起訴された。このようにひとつ間違えば死刑という重大事件にもかかわらず、被疑者の自供は多くあったようである。しかし、裁判で全てがひっくり返ってゆく。

坂本氏は主に村井俊介（仮称）と、大阪敏子（仮称）を取り調べ、特に大阪は早くから取り調べに協力的で、犯人しか分からない秘密の暴露があったという。しかし本件は公判廷において被告人たちが無罪を主張。捜査当局の横との連携不足もあり、無罪となってしまった。

事件が無罪となって二十年以上もたって、意外な事実が明るみになった。当時この事件を坂本氏と一緒に担当した神山（仮称）警部補（当時）。彼が亡くなる数年ほど前であろうか？　坂本氏に電話で「自分に勲章が出ないけど、土田邸の調書をなくしたからかな？」と、問い合わせてきた。坂本氏としては寝耳に水の話で驚いたという。その調書こそ、あの大阪が、爆弾を二重包装したとする供述をした最も重要な手記であったからだ。

その供述は、坂本氏が、現場の証拠物も何も見ないで彼女を取り調べた結果明らかになったことで、まさに「秘密の暴露」というべきものであった。そして「私が包んだから、間違いありません」と、確かに述べていたというのである。

ところが大阪にしても坂本氏の調べから他の刑事に代わると、またあいまいな供述になったりして最後には否認に転じていったようである。

やはり坂本氏は取り調べの質が違うのである。その辺は実際に調べを受けたものでないとなかなか分かってもらえないのかもしれないが……。

もう一人の村井にしてもそうである。彼は日石事件（土田事件の以前、昭和四十六年十月十八日、被疑者らは当時の後藤田正晴官房長官他宛に時限式爆弾を郵送したが、途中、郵便局内で爆発し、郵便局員一名が重傷を負った事件）の爆弾のリレー搬送には自分が加わったと当初は自供していた。しかしその後、「自分の弟がやったのではないかと早合点し、この弟をかばうために、日石事件では自分が搬送に加わった」と供述を変えたと言うのである。つまり彼は搬送に加わっていなかったのである。

事実、彼は第一回公判出廷時、坂本氏に、

「私が弟を庇うために日石をやったように証言してしまいました。最近になって弟にもアリバイがあったと分かったので、日石事件の爆弾搬送は否認いたします。申し訳ありませんでした。ただ土田邸の爆弾を作ったのは私です」

と、このようにはっきりと話しているのである。現に彼は、「起爆装置にマイクロスイッチを使った」とか、「作動線をクランク状に配置した」とか、実際に作った者でないと分からないような重要証言を坂本氏にしているのである。なお、村井本人にも後日「日石事件の爆弾を運んだという日は教習所に行っていた」というアリバイが出てきた。

坂本氏の調べを受け自白した後、警視庁で頭を丸刈りにしてまで人間的出直しを図ったにもかかわらず、坂本氏の手を離れると、彼もまた否認組に転じてゆく。もっとも、弁護士からも「このままでいくと死刑になる」などと脅されたようでもあるが……。

結局これは捜査本部が日石事件と土田事件について、村井のアリバイが出た時点で双方の事件を分けて訴因変更しなかったために、全ての事件の立証に信憑性がないと裁判所に判断されてしまったのではないかというのが大体の結論のようである。それ以外にも、捜査の詰めの甘さが指摘されている。

法律の素人が差し出がましいことを言うようであるが、つまり土手の一穴から大穴が空いてしまったということであろう。訴因を変更して控訴していれば、結果はどのようになったかは分からなかったと思う。またもう少し突っ込んで考えれば、神山氏の話がもし本当だとするなら、大事な自白調書をなくすこと自体考えられないことである。何かもっと深い事情があったのだろうかと下衆の勘繰りをしてしまいたくなるのである。

それにしても「判例事報」などを調べると坂本氏が応援で調べに行くと被疑者が皆落ちるので、捜査本部も坂本氏を「落としの名人」としてまるで便利屋のように使っている。

裁判所においても、坂本氏が主任刑事でもないのに他の被疑者の調べに出向いて行っていることに奇異に感じているようである。しかしそれは坂本氏の「落とし」が人間の「落とし」であるからこそ、被疑者は単に助かりたいがための自白ではなかったということである。だから捜査本部は最大限坂本氏を活用したかったのだと思う。

そしてその後にまた別の刑事に代わり、旧態依然の取り調べになるから、被疑者は疑心暗鬼に陥りまた否認に転じてゆく。

こんなところにもこの事件の全容を解明できなかった要因があるように思えてならない。そしてこの時警視庁地下調べ室の密室性や、取り調べ時間の長さなどがマスコミなどで大々的に報じられていた。筆者もここで何回も取り調べられたが、確かに初犯の人間は地下の薄暗い迷路のような廊下を歩いていて、時たま聞こえてくる取調官のどなり声にすくむ者も多かったとは思う。

しかし事件の性格を考えれば、あまりに被疑者に同情的になることも考えものである。ただ他の刑事が言うには、主に詐欺の取り調べの時が一番怒鳴り声が多いとは言っていた……。

裁判所がマスコミの反密室や代用監獄キャンペーンに影響されたとは思いたくないが、日石・土田邸事件の報道は、かなりセンセーショナルに繰り返し行われたという印象が今でも残っている。

坂本氏の調べの時はまったく恐怖感など感じなかった。これは氏に調べを受けた者の共通の認識ではなかろうか（人間的怖さはあったかもしれないが……）？　現に問題の大阪敏子らは「ずっと坂本警部補の調べであってほしい」と供述していたという。そして今、取り調べの可視化などが取り入れられようとしているようであるが、これは明らかに「捜査当局の調べは信じられない」という不信感からできた法律であり、真に遺憾に堪えない。さらなる取り調べの充実策を図っていただければ幸いと思う。

坂本氏が取り調べで多用した手記などは被疑者本人が任意に書くので真実味がよく出ていたように思う。官制用の調書は六何《ろっか》の原則（いわゆる5W1H）に従って、犯罪を立証するために法律に忠実に供述させようとするものだから、どうも警察官が誘導したような形式ばった、どれも同じような文面が多いのである。確かに訴追側は公判で有罪にしなければならないからその気持ちも分かるのであるが、何かそうしたワンパターンの方法が曲がり角に来ているように思えてならないのである。

やはりたとえ立場の違いがあっても、相手の人間性をも尊重した、教育刑的取り調べこそ、再犯率を低め、冤罪事件をなくすることにもつながるのではないかとつくづく思う昨今である。

そのためにも、先ほど述べた可視化ということが叫ばれ、一部導入が始まっているが、冤罪事件を避けるためそれも大事なことであろう。

もう一つは被疑者が自らの主体性で書いた手記などをもっと活用してもらいたいものである。むろん嘘をまことしやかに書く者もいるかもしれない。しかし、そうした嘘を見抜くのは捜査官の洞察であろう。

要は本人を根本から反省させることが重要なのではなかろうか？　先ほどの坂本氏の手記の話に戻るが、坂本氏が被疑者から真実を聞きだすために編み出した手記は、実はこういう法律の条文を基に行われていたのである。

「刑事訴訟法三二二条……被告人が作成した供述書又は被告人の供述を録取した書面で被告人の署名若しくは押印のあるものは、その供述が被告人に不利益な事実の承認を内容とするものであるとき、又は特に信用すべき情況の下にされたものであるときに限り、これを証拠とすることができる。（以下略）」

こういう状況で被疑者の納得の上で書かせたものであるから、坂本氏の調べを受けた被疑者の手記は生き生きとしてぶれていないのであろう。単に警察という権力を使って威圧を加えるだけでは犯人は調べ室では素直に従ったように見えて、いざ公判廷で否認に転じひっくり返すのである。このようなことは今までの犯罪の歴史が物語っていると思うのだが。ぜひ検討してもらいたい事項である。

ちなみに本件の裁判所の結論には、今回無罪となった被告たちにもその疑いは残る。捜査当局はもう少し慎重な操作をしてほしかった、とある。

警察大学にて

これは坂本氏が警部試験に合格し、警察大学に入校中の話である。その日の訓話の講師となる三井元警備局長を迎えに行かれた時のこと。部屋に入り、

「当番の坂本です。局長お迎えに参りました」

と挨拶すると、奥の校長室におられた三井局長が、

「その声は坂本警部か？　さあ入れ入れ」

と言って坂本氏を招き入れられたという。そして三井氏は懐かしそうに満面に笑みを浮かべて、

「坂本さん当番だったのですか？」

と声をかけられた。しかもその横におられた大学校長に、

「こちらの坂本警部は、刑事部から公安部に来て、極左をバタバタと落として、その中の一、二名は完全に社会復帰して、社会貢献までしているそうです」

と紹介されたのである。それを聞いて学校長も大変感激されていたとのこと。さすがの坂本氏も大変恐縮されたのであるが、この言葉がその後の氏の心の大きな支えとなって

いったという。これもまた私は胸に刻んでおかなければならないことである。一介の過激派が坂本氏に直され、しかも現在社会に貢献しているとまで紹介されているのである。いわば人間的指導を施すことによって過激派が人間的に立ち直り、社会に貢献することができるか、という国家による教育刑主義のテストケースであった。だからこそ三井警備局長も百八十度転換した私の行く末を大変心配もされていたのであろう。

そういう意味で坂本氏は単なる人情刑事として私を助けたのではなく、根底には明確に彼の刑事政策があったのである。つまり目的刑（教育刑）という政策論に裏づけられた捜査手法であったということであろう。

繰り返しになるが、いかなる犯罪も決して見逃さない。しかし初犯の者は再犯をさせない。そして累犯者はさらに累犯を重ねないように善導するというのが坂本氏の独自の刑事政策であった。要は「罪を憎んで人を憎まず」を徹底的に推し進めた方であった。このような警察官はもう出ないのかもしれない。

三井局長との話も驚くべきことであるがここでもう一つ、警察大学時代の坂本氏のエピソードを紹介したい。

ここでは授業とは別に皆グループごとに分かれて演劇をやることになっていた。他のグループでは「まぶたの母」とか、いろいろな趣向を凝らした劇をやっていたというが、坂本氏は過激派であった筆者（河野）が更生するまでのストーリーを演劇で表現されたのである。刑事役をご本人。そして私の役を誰それ、父親役を誰々と、全てキャストを決めて台本まで作り、内ゲバ事件の再現はトマトケチャップを使い、迫真の演技で皆頑張ったという。その劇は大当たり、大変な反響であった。警察大学校長も大変感激されていたと聞く。

この時のキャストは皆出演した衣装のままで写真に写っておられた（残念ながらこの写真は失われてしまっている）。私の母役は男性警察官が女装して着物を着て、また私役の警察官は当時の格好そのもののヘルメットとタオル姿のゲバスタイルで写っておられ、まさに恐縮至極であった。ここでも坂本氏は並外れた行動力と発想力を活かし、未来の警察幹部に将来の警察官像を身をもって示されたのである。

そして卒業式当日、坂本氏は七番の成績で表彰を受けられた。その後坂本氏は今までの公安一課から、刑事課へと配置換えとなるのである。

土田邸小包爆弾事件、公判出廷

小平警察時代。この時警察は坂本氏を土田事件の公判対策に専念させるということで、小平警察に警備調査官として赴任させていた。坂本氏は公安課でなく、刑事部所属となっていた。

そしてその統一公判には、弁護団が被告人もあわせ約十人近くいたであろうか？　片や坂本氏は一人である。横に検事がいるくらいである。その中で徹底的に重箱の隅をつつくような質問に、坂本氏は孤軍奮闘しながら受け答えしておられた。公安の捜査官となると、左翼系弁護士と戦わなければならず、大仕事なのである。それ以外にも、土田邸のようなテロの可能性もある。事実、坂本氏は過激派の『極左ノート』という本に「坂本を殺せ！」といった内容の記事を見たそうである。

その時、坂本氏は奥様に「どこかに引っ越すか？」という相談までされている。しかし気丈な奥様は「いいえ。私は子供たちを抱いてこの家で死にます」とキッパリと言い切られたそうである。そういう気丈な奥様がいてこそ、坂本氏もあれだけの仕事をしてこられたのであろう。

またある時は、土田事件の法廷で、相手側の弁護士が「坂本氏は調べと称して説教ばかりしている」と言ったのに対し、「何！　説教とは高いところから相手を見下ろして言うことだ」と反論すると、相手弁護士はしばらくして「失礼、説諭です」と言葉を訂正したという。

統一弁護団の切れ者の弁護士に対して、ここまで戦える刑事は警視庁広しといえどもそうざらにはいないであろう。

とにかく左翼系の弁護士は細かいところで相手の足をすくって、本論で勝ちに持ってゆくというやり方が実に上手いのである。冗長になってしまったが、この土田邸事件は、判決の要旨としては疑わしさは残るものの証拠不十分で全員無罪ということであった。私も一度だけ裁判を傍聴させてもらったことがある。この時、被告人の中に村井俊介もいたが、もはや警視庁で会った頃のような、丸刈り頭で手を差しだして、涙をためながら握手する姿ではなかった。猛然と坂本氏を一般的な悪徳刑事にしようとしていた。曰く、「あの時貴方は河野を調べ室に呼んで『この河野のようにお前も早く更生するように』と迫ったではないですか」

せっかく私もこれで人間的再生した仲間が一人増えたと喜んでいたが、つかの間のことであった。公判廷で被告人が豹変することはよくあることだが、私は彼のあの時の涙は真実だと今でも思っている。演技ではなかったと思う。確かにあれだけの事件であるから、彼にも彼を支援する救援対策本部などから相当のプレッシャーがかかったことは容易に想像できる。

しかしこれは真に日本の治安維持にとっても残念な事件であったし、彼の人間的再生にとっても惜しい結果であったと思う。

いかなるときも冷静に

小平警察警部時代。脱税の疑いで民商（民主商工会）に所属する商人に国税の査察が入った。その時に査察官に暴力を振るったということでその経営者が逮捕される。共産党員や関係者が不当逮捕ということで騒いだらしいが、坂本氏は淡々と調べを終え、処理された。なんといっても共産党は公党であり、一つ取り扱いを間違えると国会という場で叩かれるのである。そういう意味で、法の執行官という信念と政治対策という慎重さとが求められるのであるが、坂本氏はここも動ぜずにこなされてゆく。

特別背任事件を一挙解決

警視庁捜査四課時代。東京相互銀行の行員が、ヤクザから預かった小切手をなくし、被害にあったそのヤクザから逆に無理な融資を要求された。そしてこれに行員は応じてしまった。これを恐喝事件として立件した。

次に、一度ヤクザが金を返し終わったにもかかわらず、畏怖困惑状態でもないのにまたしても融資をしている点に目をつけ、特別背任の罪で立件しようとしたのである。一度は無罪となるが巻き返し、有罪が確定した。確かに我々法律の素人が聞いただけでも難しそうな事件であるのに、坂本氏はまさに不可能を可能にされたのである。その時坂本氏と共に捜査された鈴木薫東京地検検事が自著の『昭和検察流れうた』の中で次のように述べられ絶賛しておられる。

特別背任事件は、捜査二課でもそれほどやらない商法違反の複雑な事件であったが、坂本警部は部下の警部補、巡査部長を鮮やかに使いこなして、見事に東京相互銀行事件を「恐喝」と「特別背任」の両事件としてまとめ上げた。

鈴木 薫『昭和検察流れうた』南雲堂

そのようなことがあって、坂本氏は鈴木氏に「一生の友である」と言わしめるほどの昵懇の間柄となった。鈴木氏は残念ながら今は鬼籍の人となられたが、この事件解決後、東京高検検事、国税不服審判所長、最高検検事と出世街道をまっしぐらに歩まれた。

次に坂本氏が手がけられたのが、政治がらみの事件であった。坂本氏が大和警察に応援で捜査に行かれた時のこと。衆院議員選挙において、民主党の田無（仮名）陣営に文書頒布違反の容疑が浮上した。

検事側は田無氏逮捕の意向であったが坂本氏はあえて拒否。田無氏の事務長に電話をして第二秘書官に出頭するように連絡。周りは果たして出頭してくるかと気をもんだが、秘書官は約束通り現れた。そして事件は解明されたのである。この時田無氏が逮捕されていたなら、民主党が政権を握ることはなかったかもしれない。

この頃から、坂本氏は代わり映えのしない自民党からの政権交代をも視野に入れておられたという。あとは民主党がしっかりした政治をやってくれていればよかっただけの話であるのだが……。

坂本氏のやり方は常に無理はしない。まして組織のトップはむやみに逮捕せず、警察の大きさを見せながら、法を遵守させてゆく、そのようなやり方ではないかと思う。

その他、赤坂警察署管内の事件で坂本氏が応援に行かれた事件。

一九七八年、暴力団が会長代行の跡目争いで仲間を殺害。証拠を隠すため死体をばらばらにし、その手首を熱湯で煮沸、指紋を消そうとした事件で、いわゆる「手首ラーメン事件」として世間を震撼させたが、それも被疑者本人の供述を引き出し解決。

また、当時一世を風靡したピンクレディーの解散に伴う、大物総会屋による手切れ金の恐喝事件も捜査、解決に導かれている。

地面師事件を解決、内賞を受ける

牛込署警視時代。坂本氏は次に牛込署刑事防犯課長として赴任。新署長が赴任してきた時、野際（仮称）方面本部長より、

「今度の署長は国警畑の署長で自治体に足を持たないから、検挙実績を上げるのは難しいと思う。なんとか面倒をみてほしい。そして雪崩《なだれ》現象を起こしている日本の治安悪化に歯止めを打ってくれ」

と厳命される。ちょうど牛込署で受理した告訴事件で、棚ざらしになっている案件があった。

「北海道の日教組が持つ別荘用地買い上げを口実とした、不動産会社ぐるみの地面師詐欺事件（地面師とは、他人の土地の所有者に成りすまし、土地を勝手に第三者に売却して不当利益を得る犯罪者のことである）」。坂本氏はこれを見逃さず、直ちに着手、そして「政治がらみだから慎重にやれ」と部下に下命。適切な指示の下に見事解決。即刻内賞が出る。

内賞の文面は以下の通り。

内賞　　　警視庁牛込警察署

警視庁刑事捜査部
捜査第二課
貴署は不動産会社ぐるみによる別荘用地買い上げを口実とした地面師詐欺事件の検挙に功労があったので、ここに内賞を授与する。
昭和五十八年五月九日
警察庁刑事局長　警視監　大和田忠（仮称）

受賞記念　　　昭和五十八年五月九日

警視庁牛込警察署長　　警視　安田浩二（仮称）

牛込管内は土地柄も良く治安状況も良いので検挙実績を上げるには若干難しい場所であったが、坂本氏は野際本部長の厳命を受け、心を鬼にして部下を鍛え、次々と実績を上げていったのである。さらに当時としては未だ判例としてはなかったと思うが、選挙違反でも珍しい差額買収（酒や料理などを会費以上の品数で接待して票を取りまとめようとする行為）という新手の手口（今では当たり前のことになっているが……）を使ったとして当時の野党系衆院議員候補の運動員を逮捕したという。

その後、坂本氏の下に新宿署所長より電話あり。新宿某店に来るようにとのこと。当店には元警視総監や、警察庁の官房長といった錚々《そうそう》たるメンバーが集まっておられた。

「坂本氏は刑事公安警察時代、犯罪者の更生を目指した事件の処理をしたことで有名です」

と、署長が坂本氏を紹介した。総監が、

「彼は行く先々で改革をした人物でも有名です。あなたもズバリ聞きなさいよ」

と官房長に話しかけると、官房長は坂本氏に尋ねた。

「国民は警察に何を求めていますか？」

（坂本氏と元警視総監）

「安全、安心、希望の持てる日本づくりです」
「なるほどねえ」
そんな会話が交わされ、官房長とは夜を徹しての会合となった。それも全て治安再生、新しい日本国家づくりの会合であった。
（写真はその席に出られていた元総監と、坂本氏の別会合でのワンシーンである。「昭和維新の歌」でも歌っておられたのだろうか？）

代議士の特命秘書になる

その後、坂本氏は土田邸爆破事件が無罪となってしまった自らの責任を取るべく、警察を警視の身分で退官され、請われて山崎（仮称）衆院議員の特命秘書となられた。政治の場に入れば入ったで氏の活躍はまた抜きんでていた。後援会の中のさまざまなゴタゴタを一つ一つ解決し、山崎氏が磐石の体制で政治を行えるように勤められた。

例えば、K海上は山崎氏の支援企業であったが、ある日坂本氏のところに山崎氏の秘書から相談があった。

「ある人間が関西の事件屋みたいな男に依頼して、K海上に対し、保険料不払いの件について国会でビラを撒くと言って脅しています。坂本さん、なんとかお願いします」

そこで坂本氏は早速その事件屋に電話した。

「いろいろご迷惑をおかけします。何か不都合な点でもございましたか？」

「不都合どころじゃあないよ。K海上は勧誘する時だけは金魚の糞のようについて回って、子供が死んでいるのに、いざ支払いとなると手の平を返したみたいにするらしいな。このままだと国会でビラを撒くから」

と脅してきたのであるが、坂本氏は冷静に対応された。

「それではK海上の話の分かる人間を紹介いたします」

「おお、お宅は話が分かるらしいな」

そんな会話がなされ、K海上の優秀な営業マンが出てきて、問題は無事解決。坂本氏のところに脅しにかかったその男から電話があった。

「上手く解決してもらった。ありがとう。ところでお宅は前身は何をやっていた人ですか?」

「警視庁の公安一課にいましたよ」

「いやあ、それが分かってたらもっと対決姿勢でやったのに。身分も言わないで珍しい人ですね」

と冗談混じりながらも悔しがっていたという。警察の頃と一味違う坂本氏像である。

その他の事件も坂本氏が乗り込んで解決された。また、その頃に私が町会議員をやらせていただいており、町民の皆様の心配事相談で青少年の非行の問題が数多く寄せられていた。「親には反抗する」「異性交遊で学校からも目をつけられる」というかなり深刻な問題であったが、それらも全て坂本氏が、相談に乗ってくださり解決した。私はその側面的支援をさせていただいた程度である。

坂本氏は口癖のように言っておられた。

「非常識なことをやっている連中にいくら常識論をぶっても耳を貸さない。こちらもあえて非常識になって彼らと同じ目線に立たなくてはテーブルに着かないんだよ」

と。つまり世間の大人がする上から目線の説得ではなく、人間共通の話をきわめて分かりやすく、丁寧にということに尽きると思う。

ナショナル事件に孤軍奮闘する

衆院議員特命秘書時代。ナショナル事件と呼ばれるこの事件は青森の安売り家電量販店（有限会社MKテレビサービス社、後に有限会社マンデーと社名変更）の店主が仕入れた製品が、欠陥商品であったことに端を発する。

昭和五十五（一九八〇）年以前より、この店主は各大手メーカーの独占的手法を批判し、消費者心理をくすぐるやり方で市場を伸ばしていった。

そういう意味で、欠陥商品を摑ませられたということは、彼にとって大手メーカーを跪かせる絶好のチャンスであった。この店主の名は林清一（仮称）。大手メーカーの名はナショナル。その欠陥商品は温風暖房機「はるる」三百八十一台。寒冷地で部屋がまったく暖まらないという苦情が続出していた。

彼はナショナルに対して全品の買い取りとリコールを要求したが、ナショナルはこれを拒否し、全面対立となった（当時はリコールといっても、消費者側がその商品の欠陥などを証明しなくてはならず、メーカーのほうも製造物責任といった意識は低かった）。もともとこの商談を持ちかけたのは地元の三洋電機系列店の清和液化ガス（仮称）という会社であった。林はナショナルの製品が三洋電機の系列店から、しかも三十七パーセント引きで流れてくること自体、そもそもおかしな話だったと後に振り返っている。さらに日を追ってみることにする。

昭和五十六（一九八一）年二月二十六日、東北設備機器（仮称、東北地区の松下電器の出店）青森営業所長の田崎氏（仮称）始め松下の技術関係者などが、林の会社に来社。そこで「はるる」を点検して欠陥であることを認める。

同年二月、今度は林店主が松下電器に出向く。そこで山口（仮称）本部長が欠陥を認める。しかしその後、松下側から正式な回答はなく、林は他メーカーとの取り替えや修理点検に追われた。

林が後に述懐するに、彼が会ったどの松下側の関係者も対応は丁重ではあるが、リコールとなると皆言葉を濁したという。

その後しばらくして林は八戸市内のホテルで清和液化ガスの山中専務（仮）より食事の接待（同社の次長も同席）を受け、そこで山中専務は今まで林が買い取った「はるる」の代金を全て支払ったのである。

その時林は商品代金を返してもらうのは当然と思いその金を受け取ったという。しかしそれがどういう趣旨の金員（金銭）であるかということも、領収書も何も残さなかった。これが後々、覚書偽造などの問題を引き起こす要因ともなる。

さらにその後、四月二十八日東北設備機器の青森営業所田崎所長が八戸まで持参した覚書を清和液化ガスの次長が預かり、持ってきたのである。

その覚書は案というもので数字などは書いていなかったが、互いが和解に達したという書類のひな型であった。

林はそれを激しく非難し「あくまで自分は欠陥商品のリコールを求めている」と迫り、その後何回もナショナル側に抗議するがなしのつぶて。林はナショナルを提訴することを決意するが、いかんせん欠陥商品による信用低下は著しく、その後始末と営業成績挽回に多くの時間を費やしていた。しかし林は欠陥商品をつかまされた悔しさをバネに、その後一九八三年七月、資本金三千万円で有限会社マンデーを設立する。

この会社の業績は順調でマンデーは東北地方を中心に多くのフランチャイズ店を抱えるまでになっていた。時間的ゆとりができた林は、一九八四年十一月二十六日、東京のナショナル支社に、その後のナショナル側の対応を確認に行くと、渉外課長から、

「おかしいですね。あの問題はすでに解決済みになっているはずですが」

と言われ、書類のコピーを見せられた。そこにはマンデーの以前の会社である有限会社MKテレビサービス社と林の印鑑、清和液化ガスの印鑑と東北設備機器営業所所長の印鑑が押してあった。ただし、テレビサービス社の印鑑は広告チラシに押すスタンプのようなものであったという（実は社判がなぜかもう一つ押してあり、有限会社であるはずのテレビサービス社が株式会社になっていた）。

驚いた林はその書類をコピーして自分に渡すように伝えるが、相手はそれを拒絶。このコピーを林が手に入れたのはその日から三カ月も立った一九八五年の二月十五日であった。林は内容証明郵便などで矢の催促をし、清和液化ガスの次長が渋々持参したという。そこで林が見た書面は「はるる」の仕入れ台数からして違っていた。清和液化ガスの社長名には覚書を交わした時はまだ専務だったはずの山中氏の名前が書かれていたり（その後、社長に昇格）、会社の名称も前述したごときありさまであった。

そこで林は清和液化ガスの次長を厳しく追及したところ、「（覚書、覚書補足とも）松下住設東北設備機器営業所所長からの強い要請によるもので、原案は松下側が作成し印鑑は私が押しました。山中社長（元専務）と、会って話ができる機会を作ります」と言ったものの、清和液化ガスの山中氏は逃げ続けていた。

一九八七年五月。東京物流サービス社の谷（仮称）社長から元警察庁の官僚という触れ込みで大野（仮称）という男を紹介され、溺れる者藁をも摑む心境で林は即座にこの男を交渉人（相談役）に雇い、さらに紀尾井町ＴＢＲビルに東京支店を構えた。これは大野の要請であったという。家賃は百五十万円、保証金は四千万円、内装に一千万もかかったという。しかも大野の机の後ろには新宿署長から送られた本物の感謝状が飾られ、彼が交わした警察幹部の名刺の数は尋常なものではなかった。この大野に関しては、偶然にも警察の上司から警察の協力者ということで紹介されていたので、坂本氏も大野の素性を信じて疑わなかったと、後に述懐されている。

そういう意味でも、林が大野を百パーセント信じるのも無理もなかった。こうした小道具を活用して相手をだますやり口は典型的な詐欺師の手法であった。そして林は百人力の味方を付け、清和液化ガスの山中社長と常務、次長を紀尾井町ビルに呼びつけたのである。

林側の参加者は、林本人と旧ＭＫテレビサービス社改めマンデーの総務部長と大野であった。そこで林は清和液化ガスの三人を厳しく追及し、ついに彼らは覚書が偽造であったことを認めた。ただし、山中社長が一部訂正を求め、「覚書が事実に反することを認め」「ご迷惑をおかけしたことをお詫びします」と、偽造という言葉を文言に入れないことを求めてきたという。これには林とは激しい口論となったが、林側が折れたという。

ここで大野は「偽造」という言葉を使わないでも「事実に反する」という言葉でも法的

には同じ意味を持つのではないか、というような趣旨の言葉を吐き、むしろ相手を利するような一言で話は収まったという。いずれにしても最後は大野がナショナル側と握手をし、この事件は一件落着したかと思われた。しかしこの問題はこれで終わってはいなかった。ここから大野の暗躍が始まるのである。

このころ林は大野を無条件で信用しており、各電気メーカーとのトラブル処理は全て大野に任せていた。そしてその都度、林は百万単位の金を活動資金として大野に渡していたという。

しかしさまざまなトラブルは一向に解決せず、林も疑心暗鬼になりかけたこともあったが、大野の警察人脈を利用した詐欺師のテクニックにそれ以上の疑いを持てなかった。

そんなさなか事件が勃発する。マンデー傘下の東北のフランチャイズ店が、約束のマージンが払われていないという理由で、契約破棄と補償金の返還を求める内容証明郵便（一九八八年五月十四日付）を林に対して送りつけてきたのである。そしてそのフランチャイズ店の代理人は暴力団の男であったという。

しかもその後五月十六日頃から六月五日頃にかけ、マンデーの紀尾井町事務所に暴力団風の男を伴って、東北のフランチャイズ店三名の代理人が「一億円を返せ」と何度も押し掛けてきたという。また林個人をホテルに呼びつけて脅したり、挙句の果てはマンデーの弁護士事務所にまで押しかけてきた。しかし弁護士は一億円の支払いをきっぱり断ったため、今度は「マンデー被害者の会」をでっちあげ、揺さぶりをかけてきた。

その後、林が言うには自分の息子も一時拉致されたという。そんなこともあって彼はノイローゼ状態になり、一時暴力団の恫喝から身を避けるため行方をくらましていたという。

そんな時に警視庁記者クラブに詰めたことがある元通信記者の皆川（仮称）から「大野は偽物だ」と聞かされ、まさに彼は目が覚めたように皆川紹介の警視庁ＯＢ中野氏（仮称）に大野の素行調査を依頼した。結果は大野が元警察官僚という話は全て嘘。結局彼は若い頃から水商売を転々とし、現在は新宿で小さなスナックのようなものを経営しているということであった。ただし、彼が持つ警察人脈は半端ではなかった。ある時はヤクザの情報を警察に流し、またある時は警察情報をヤクザに流すなど二重スパイのようなことをやっていた。

確かに彼は警察に顔が利くことは間違いないようである。ある検事などは「自分が検察庁時代に経験したことを、一度若い警察官に話してみたい」と伝えたところ、直ちに大野は警察学校長に働きかけそうした場を設けたという。その検事も大野に一目も二目も置いたのはけだし当然であった。そのような海千山千の大野がマンデーに乗り込んできてナショナル問題の解決など訳ないことと思わせ、次から次へと金を引っ張ったのである。

当初は林もすっかり大野を信じきっていた。

しかしナショナル問題は一向に進展せず、逆にヤクザが林を脅しにかかったり、警察は一向にヤクザ対策にも動いてくれなかったりで、ついに林は警察ＯＢの先の中野氏の人脈を頼って大野告訴を決意する。

その時に出てきたのが大野と昵懇の間柄といわれる丸の内署の大隈（仮称）刑事防犯課長であった。彼は「大野氏を告訴しないでください。彼が逮捕されたら私は警察を首になります。私が大野と会わせるようにしますから、よく話し合ってください」

と必死に懇願してきたのである。

しかし大隈はいざ話し合いになると、「これは民事ですから」と言って、話し合いには参加しなかったという。

仕方なく林は新宿のホテルで中野氏と一緒に大野に会い、中野氏は元警察官の経験を発揮して大野から悪事の多くを聞きだした。その結果、大野は林側ではなく、ナショナルやその他林に敵対する電器店側に寝返っていたことが判明した（この東北の電器店三社は、かつて倒産寸前のところを林に助けられ、マンデーのフランチャイズ店になっていた。その電気店主たちが造反を起こしたのである。というより大野にそそのかされたというべきであろう）。東京のヤクザが林を脅してきたのも大野の人脈と推測された。

そしてそれでも大野に支出した金額のうち、約半分の五百万円は大野が「確かに預かりました」と念書を入れ、その後返金されている。

しかし大野はまださまざまな真相を隠していた。おさまらない林は大野を告訴したが、林が五百万を大野から受け取ったことにより和解が一部成立ということで大野を罰することができず、林は大隈氏の罠にはまったことを知る。

また、林はナショナルも例の覚書偽造で告訴しているが、裁判所はなぜか「偽造は認められない」という判決を下している。書類上のさまざまな不審点や矛盾点があったにもかかわらずである。裁判所という所は一つの先入観のようなものを抱くとその見方に左右されるところがあるようである。林の過激な性格が裁判官の不信をかったのかもしれない

今回の判決はそう考えるしかないような結論であった。少々話が先走ったが、そもそも坂本氏が林に最初に出会ったのは、坂本氏が警察を退官され、請われて山崎（仮称）代議士の特命秘書官になられて一年ほどたっていた頃だろうか。大野から、

「青森の家電量販店で薄利多売経営で成功した人がいる。自分もここで顧問として働くようになったから」

と紹介され、坂本氏は一度林と会わされているのである。

場所は当時林が経営していた、先に紹介した家電量販店マンデーの東京支店紀尾井町

ＴＢＲビルであった。そもそも坂本氏に「警察の協力者だ」と言って大野を紹介したのは、坂本氏の警察時代の上司にあたる島田氏であった（警察は典型的な縦社会であるから、この上司の紹介という意味は大きいのである。しかも島田氏は佐賀県人の郷友会で坂本氏を受付に配置してくれ、いろんな有力者と人脈をつなぐことができ、その恩人でもあった）。

警視庁の「武道始め式」で警察幹部がずらりとひな壇に並ぶ中、大野は大輪の花をつけて刑事部長の隣に座っていた。

またそのＴＢＲビルのマンデー事務所の応接間には新宿署の署長から大野への感謝状まであったという。防犯協会という組織があるにもかかわらず、新宿の浄化のために大野は尽くしたということになっていたようである。後で考えれば何か違和感があったと坂本氏は言うが、そこに大野の巧妙な籠絡術があったのである。そして大野は正面の机にドンと座り、林はその横でチンマリと座り、どちらが社長か分からないくらいであったという。

大野はわざとそういう場を坂本氏に見せて、自分を実態以上に大きく見せようとしたのであろう。そして坂本氏を信用させようとしたのである。

ただ坂本氏が山崎代議士の秘書になってからは、大野は気前よくお祝いを持ってきたり、山崎代議士への政治献金を申し出る半面、さまざまな要求が多くなり、案外利用型の男かな？　とも感じていたらしい。しかしまだこの頃は彼の人間性まで疑うほどの事案もなく、警察の協力者という紹介内容が効いていた。そういう素性の人間なので、坂本氏も山崎代議士への政治献金の申し出を、その時点ではさほど抵抗なく受け入れていたのである。これが大野個人の懐から出ていればまだ良かったが、実際は林の経営するマンデーから出ていたため、坂本氏はさらにその後大変な心労を重ねることになる（金額的には月一万円×六カ月分で、後は滞ってしまっていた）。坂本氏もこの時マンデーからの献金とはまったく分からなかった。

さて林であるが、ちょうど平成二（一九九〇）年の三月頃に赤坂のホテルで坂本氏と会っている。この時は嘆願というより、どちらかと言えば坂本氏を追及しようと乗り込んできたのであった。

それは突然、例の元共同通信社の記者だった皆川から、坂本氏の事務所に電話が入ったことから始まったのである。

「林氏という人間を知っていると思うが、実は大野という男の詐欺に遭った。その男からそちらの山崎代議士は献金を受け取っているが、林氏のあずかり知らないことで、大野が勝手に持ち出した金である。詐欺師からの献金を受け取ったということで、東京地検の検事さんから近く参考人として調べられることになるでしょう」

ざっとこのような内容であった。

皆川はかつて旧ソ連のノーボスチ通信社にも身を置き、スパイ活動まがいのことまでやったという海千山千の記者であった。

坂本氏にとっては、青天の霹靂であった。まさに身の毛のよだつような一言であった。自分は警察を警視の地位で退官し、数多くの功績を打ち立ててきた。そして山崎代議士に請われて特命秘書に就任し、代議士を男にするために身を粉にして働いていたその矢先の電話。

しかもその林という男は、事件解決に向けて警察に協力を依頼したが、警察は動いてくれなかった。そのことで警察にはかなりの恨みつらみを持っているらしかった。

その後の話となるが、全てに行き詰まった林は一人で坂本氏の事務所を訪ね、警察に抗義するため、「警視庁の前で焼身自殺します」と、坂本氏を半ば脅してきていた。

筆者の推測になるが、この男を警視庁前で死なせたら、警察はこの男に負けたことになる。絶対にそのようなことはさせないと、坂本氏は固く決意されていたのではなかろうか。

なぜなら林が警視庁前で焼身自殺などしようものなら、マスコミはその現象だけを捉え、「警察はこの男に何をしたんだ?」と騒ぎ立てるであろうし、林は悲劇の主人公として語り継がれるであろうからだ。

そうなればこのナショナル事件の本質がはぐらかされてしまうのである。そういう意味でもこれは容易ならぬことであった。

一方では政治家の特命秘書として、自分の先生（山崎代議士）を守らなければならない。また一方においては、自分の里（坂本氏はしばしばこういう言い方をしていた）である警察をも守らなければならない。詳しい話を聞いてみなければ分からないが、その元記者の話から察するに根はかなり深そうであった。

そして林はさまざまな人間を使って警察を動かそうとするのであるが、警察も積極派と消極派がせめぎあっていたようである。

そこで林が目をつけたのが、政治家特命秘書の坂本氏であった。坂本氏は警察の功労者であり、警察にも顔が利くし政治家も知っている。こういう人は林の人脈にはいなかった。

そこで皆川というマスコミ関係者を使っての坂本氏への揺さぶりとなったのである。

これは下手をするとまさにアリの一穴から、日本の治安や秩序という堤防も崩れてしまうことになりかねないと、坂本氏は長年の刑事、公安を担当してきたベテラン捜査官の勘でとっさに判断された。しかもこの頃林はまだまだ大野や警察への追及も辞さない構えであった。そして林はこの頃坂本氏にも本当のことを言わなくなっていた。

「いったい林は他に何を企んでいるんだ？」

坂本氏は大野の追及と共に守らなければならない人物も多かった。

警察現職時代お世話になった坂本氏の上司の島田氏も大野と昵懇であり、刑事総務課長の蓮田氏（仮称）も大野から相当な品物を受け取っていた。こういう大物の幹部が大野に気を許すということは島田氏も蓮田氏も「大野は新宿の浄化に一役買っている警察の協力者である」と信じて疑わなかったからであろう。現に坂本氏もそうであった。大野は真に人を籠絡するのに長けていたということである。

島田氏をはじめ彼らは警察の功労者であった。それだけに影響も大きかったし、坂本氏は山崎代議士、警察のみならず前述の三名の警察官も何としてでも守らなければならないと考えられた。そこで坂本氏は山崎代議士に、

「大野務という山崎先生への献金者が、詐欺事件を働いたということでトラブルになっています。しかもこの被害者の林という男はナショナルと警察まで敵にして戦おうとしています。この事件の解決のためにしばらくその渦中に入ってそれに専念しますので、よろしくお願いします」

とまず筋を通され、山崎代議士からの了解をも取り付けられた。そして坂本氏はまさに万難を排して林対策に当たることになった。

そして願わくば、ナショナルも警察も林も誰もが、座りの良い形でこの事件を纏め上げたいというのが坂本氏の最終的考えであった。

とにかく大野憎し、警察憎し、ナショナル憎しと逆上している林に、坂本氏は「こんな大きな組織を相手にしても返り討ちにあうだけだから、マスコミなどを使って大騒ぎをするな。もっと警察に大野の事犯を話し『大野の告訴をお願いします』と地道に下から積み上げてゆけ」というようにアドバイスするのだが、面従腹背というのであろうか、林は聞き入れず坂本氏も苦慮されていた。

そこで坂本氏はそんな林を何とか正常に戻そうと、東京地検の城山検事を紹介して、林の悩みに応えてやろうとする。城山検事も親身に相談に乗ってくださっていたが、ナショナル、警察叩きに熱くなる林にとっては「馬の耳に念仏」であった。

そんな時に林はナショナル、警察叩きの第一弾として事件について書いた書籍を出版する。しかもこれには例の警察幹部と、大野や建設関係者との宴会の風景が写真入りで出ていた。坂本氏は「これは大変なことになる」と直感された。

そこで坂本氏は、山崎代議士の後援会がお世話になっている四谷警察にいつも盆暮れの挨拶に行っておられた関係もあり、ナショナル問題解決のため書籍を携えて出向かれたのである。

応対に出られた大山（仮称）刑事課長に何とか事件の解決法をお願いすべく、

「このような大変な男がいますので、私はこの敵中に入ります。何卒宜しく、ご検討ください」

と頼まれたのである。

しかし何を勘違いしたのか、その課長はその本の中に、「S元警視」と書かれていた箇所だけを曲解し、坂本元警視がこの林を後押しして警察叩きをやっているかのように受け取ってしまった。さまざまなところでその話をばら撒き、以来坂本氏は大変な苦境に立たされたのである。中でも前述の島田氏は警察大学の第一教養部長であり、彼の部下の第二教養部長が坂本氏のことを島田氏叩きの張本人と誤解し、逆に坂本氏攻撃を行っていた。これはまったく反対で、坂本氏にとっては直属の上司や同僚をなんとしても守らなければならない、と奔走されていただけに驚きであった。

一時は警察の内部で「警察OBが訴訟指揮をしている」などと陰口を叩かれ、警察に足を向けられなくなったほどであった。

しかし坂本氏の必死の林説得工作が続き、ようやく平穏を取り戻しつつあったそんな折、坂本氏が原田（仮称）警視総監の退官に伴う謝恩会に招かれた時のこと。

乾杯の後、満座の前で総監はつかつかと坂本氏に近づき、

「坂本さん、あなたは警視庁の功労者だから、遠慮なく警視庁に出入りしてくださいよ」

と言われたのである。まさに捨てる神あれば拾う神ありである。

原田氏はいろいろな事件を通して、坂本氏の現役時代の活躍をよくご存じであったのだ。

それを知り抜く人の一声であった。余談ではあるが、後にこの現場にいた捜査共助課の課長が、坂本氏と同期の公安畑の安井氏（仮称）に、

「なぜ、原田氏は坂本氏にあんなことを言ったのかな？」

と聞くと、安井氏は、

「坂本がナショナル問題を適宜に処理したからでしょう」

と、一言言ったという。常日頃より坂本氏に敵愾心を燃やす生粋の公安畑の安井氏であるが、この時ばかりは坂本氏の働きを認めざるを得なかったのであろう。

そしてその後、林は警視庁前ではなく、日本道路公団前で焼身自殺を図り死亡。

その前日、林は坂本氏の事務所に電話を掛けていた。

「お金を返せずに申し訳ありません（この時、林は坂本氏からも借金をしていた）。私はもう駄目です」

「そんなこと気にするな。それより死ぬなよ」

その会話が最後となった。

そもそも道路公団前で林が自殺したのには以下の経緯があった。彼は人野に丸裸にされ

てからは、車の運転手をしていたが、知り合った大島氏（仮称）より、道路公団による高速道路の後払い別納カード組合の話を聞き込んでいた。しかも大島氏はその軍資金千五百万を貸してくれるという。

「その組合を上手く切り回せれば、家も建てられるしナショナルと戦う資金も入りますよ」

と言われた。彼はどうしてもナショナル、警察叩きの資金が欲しい。そこで彼は坂本氏にも泣き付いて、千葉県内の組合事業の許認可を取ってもらおうとしたのである。

その時坂本氏は「それは公益に繋がる仕事なのか？」と林に問い質している。林が「大いにあります」と言うので、坂本氏はこれをもって林のナショナル、警察叩きに終止符を打つのに絶好の機会だと思われたのである。そのために坂本氏はまず千葉県の許認可を取るのに奔走しなければならなかった。坂本氏は同期の安井氏にも頼んで会計責任者になってもらい、月々十万円ずつ支払った。そして千葉県の認可が下りたのである。

そして林はさらに「関東圏の許認可を取ってほしいのですが」と、坂本氏に懇願する。坂本氏は（相変わらず無理押ししてくる男だな。関東圏は厳しいぞ）と思いながらも林が正常に戻るならと、六行政庁の許認可を取り付け、関東事業協同組合を立ち上げさせたのである。

これには坂本氏の警察時代に培った人間関係、信頼関係が大いに力を発揮。特に税理士関係の方々の組合加入が大きかったという。そしてついには全国規模の高速道路の後払いカードの認可も目前となったが、林が前述の大島氏より借りた千五百万円の返済を滞らせていたため、その親組合の常務（大島氏が所属していた組合の上司）がこの「親組合を林は乗っ取るつもりか？」と激怒したらしい。さらに悪いことに、坂本氏のかつての同僚で前述の会計責任者の安井氏の紹介の組合員である「東北紀行（仮称）」という会社が、高速道路の後払い代金総額三百万円を未払いにしてしまった。そのことが余計に常務の怒りを買い、その親組合からの妨害を受け、ついに全国規模の認可は断念せざるを得なくなったのである。

三百万の未払いや、林の大島氏への借金などを全て坂本氏が代位弁済する形でこの難局は切り抜け、なんとか組合の運営を正常化させたのである。しかもその後も坂本氏は、物心両面にわたってこの組合が上手く回転するように支援し続けられた。そうした坂本氏の陰日向の支援があったればこそ、この組合事業も何とか順調に推移していた。

その証拠に林は一九九三年正月、坂本氏に「やっと我が家で家族水入らずの静かな正月を迎えられました」と年賀状を送っている。確かに林にとっては、久しぶりのことであったに違いない。ここで林は坂本氏の指示に従って、組合業だけに専念していれば、多少の浮き沈みがあっても乗り切っていけたであろう。怨念を抱いて早死にすることもなかったのである。

それがまた一変してゆくのは、酒井一派（仮称、次の章で詳述）が本格的に林の組合運営に首を突っ込み、巧みに小野田（仮称）元衆院議員の名を使って林を籠絡していき、正論を言う坂本氏の意見をことごとく退けていったことが大きく起因している。

ナショナル、警察叩きを止めなかったことに加え、組合員の高速道路後払いカード料金千五百万円もの未払いがまたもや発生したため、道路公団が組合に対して売り上げのバックマージンの支払いを先延ばしした。それに対して、林がどこかから拾ってきた、得体の知れない組合顧問の波川（仮称）という男が軽率にも公団に怒鳴り込んだ。そのため、道路公団は組合への一切のバックマージンの返金を差し止めてしまった。そしてついに林は道路公団前で抗議の焼身自殺となったのである。

元高検検事が林のことを評して「林氏は怨念と戦術がエスカレートしましたね」と言ったように最後は気の毒ではあったが、彼の偏執狂的性格が彼の命をいっそう縮めることになってしまったのである。

妙な話ではあるが、林が警視庁前ではなく公団の庭先で死んだという一報を受けた時、筆者もこの男とは坂本氏の紹介で何度も会っていたため、「この男本当にやってしまったんだ！　しかしなんでまた公団で？」と思ったものである。しかし答えはすぐに分かった。

まさに坂本氏は林の立ち直りのために、財産を失くし健康を害しながらも一貫して林を人間的に諫め続けられた。だからこそ、さすがの林も坂本氏の「里」である警視庁前では、自殺できなかったのである。つまり弓引けなかったのである。そういう意味では、林も自ら振り上げた斧を、少し焦点は違うが公団に振り下ろすことで自らの死に場を見つけたというべきであろう。そして坂本氏はまさに身を挺して、半狂乱のようになった林の魔の手から警視庁、代議士先生、そして上司や同僚を守ったのである。まさに坂本氏は絶望的な孤立状態を跳ね除け、奇跡を起こしたのである。神がかり的なことを言ってと、おしかりを受けるかもしれないが、坂本氏の為す業はまさにそういうことが多いのである。不肖筆者の保釈の時も筆者の父は「今回の保釈はまさに神業であります」とその喜びと驚きの心情を坂本氏に手紙で伝えている。

このようなことを言うと、筆者がまた坂本氏を美化していると言われるかもしれないが、私の知る限り、坂本氏の助言を素直に聞いてそれに従った人は皆幸せになっているし、逆らってきた人の多くは不幸になっている。そういう意味で坂本氏の教えは自然の流れであり、それに逆らうことは自然に逆らうことなのかもしれない。筆者自身そのことを教訓として肝に銘じたいと思う昨今である。それにしても坂本氏がこの一件で健康を著しく害し、医者に行かれた時、医者から開口一番「貴方ストレスを随分ためましたね。これで今までよく（命が）もってましたね」と言われたそうである。まさに危機一髪のところであったのである。最後に、この事件解決には坂本氏の警察大学の同期の人たちの影に隠れた支援があったことをも銘記しておきたい。

表と裏の顔を持つ男

平成六（一九九四）年九月、坂本氏はかつての部下の酒井（仮称）の連絡を受け、新宿で彼に会う。話によると酒井のかつての部下増田（仮称）がゲーム機汚職事件で自分と共に辞めさせられることになるという（一応監督不行き届きという理由であるが、実質は彼も共犯で逮捕され、諭旨免職になったと聞く）。自分の身に迫りつつある問題でも危機感を抱いていた酒井は、

「このままでは増田はヤクザになってしまう。調査会社を作って受け入れたい。ついてはこの会社の後見人になってバックアップしてほしい」

と言ってきたのである（坂本氏はその前にも誘われたが一度は断っている）。

この酒井は、かつて坂本氏が警視庁捜査四課の三係で東京相互銀行のヤクザの恐喝や不正融資事件などを扱っている時、同じ四課の一係から応援に来てくれた巡査部長で、よく働いてくれたという。

反面この男は坂本氏が例のナショナル事件で大変な時、ヤクザを捕まえてその線から大野を逮捕する絶好機であったにもかかわらず、それをしなかったという。彼は表面では坂本氏に忠実な部下を装いながらも、裏では坂本氏と林が結託して警察叩きをしているといった情報を自分が交流する警察グループに流していた。また、逆に警察情報をヤクザに流していたという風評もあった。そういういかがわしさのある男であったが、どんな男であっても立派に立ち直ってほしいという坂本氏の願望もあり、二度目は受け入れることにした。酒井がいうには、元衆議院議員の小野田氏（仮称）とも懇意であり、彼が強力にバックアップしてくれるという話であった。

しかしそんな事実はまるでなかった。むしろそのような弁を弄した直後に警察を諭旨免職になっているのである。これは小野田氏に対する由々しき裏切り行為であろう。なぜなら小野田氏が内務省に勤めている時代に、「我々は国民の税金で食べさせてもらっているのだから、国民に奉仕しなければならない。そのことを怠っていれば警察ではない」と言っておられるのである。そのようなことを考えるなら、酒井は自らの行いをもっと痛切に反省すべきであろう。

　さて、この会社の名は「セキュリティジャパン（仮称）」といい、休眠会社である「大志」（仮称）を起こして設立したものである。坂本氏はセキュリティジャパンの会長職になるのであるが、実は前年の平成五年七月に、酒井は坂本氏の印鑑と氏名を盗用して、氏が同社の取締役に就任した文書を偽造して東京法務局港出張所に登記し、公正証書原本への不実記載を行っていた（しかしすでに時効成立）。つまり、坂本氏は知らぬ間に取締役にされていたのである。会長就任までの間、役員報酬は支払われていなかった。

　さらに酒井の人間性を悪い意味で裏づけるような一件があった。この会社を設立して間もない頃、セキュリティジャパンの女性社員から、

「社長からの依頼で明日の朝、実印が必要なので持ってきてください」

　と坂本氏に依頼があった。そのため、坂本氏は実印を会社に持っていかれた。社長の酒井がいないので、

「社長はどうした」

　と尋ねると、社長は出かけていて不在で、実印は預かっておくように言われたということであった。

　坂本氏は困ったが、自分も別の用件で出かけるので実印を持って歩けない。そこで、

「それでは預けておくが、大事なものなので責任を持って預かってほしい。明日自分が社長と会って印を押すから」

と伝え、その日は社を出たという。

次の日坂本氏は社に着くや否や、「実印はどうした?」と女性社員に尋ねると「社長に渡しました」と答えた。坂本氏は朝会を招集し、社員の前で、「実印はどうした?」と尋ねた。酒井はそわそわして探すふりをするが、ないので「ああそうだ神保町の松宮氏(仮称)のところに持っていったんだ」と嘘をついた。同席の役員もグルになり「役員の名義変更じゃないの?」と、その場を取り繕った。

女性社員は顔面蒼白になり、「(実印は)田上さん(仮称、酒井の協力者)のところに行ってるんだ」とそっと小さな声で教えてくれたという。坂本氏は朝会の後、女性社員に「実印のことであなたも共犯になるよ」と言うと、「坂本さんにはお世話になっているから」と彼女はビクビク怯えながら言ったという。

酒井はセキュリティジャパンを立ち上げる際に、矢代(仮称)という人物が持っていた休眠会社「大志」を起こした。その会社の代表取締役が大内氏(仮称)である。酒井は赤井(仮称)という人物と一緒になって、大内氏の不動産を詐取しようとしたが、それがばれて大内社長と喧嘩になってしまった。つまりこの社長の実印を使って、不動産を取得する計画がばれてしまったので、代わりに坂本氏をターゲットにしたのだった。

「『実印が田上氏のところにあるということなど、君はいろんな秘密を知っているけど、（他人に）言ったら殺すぞ』と脅かされているのでそれ以上は言えない」

彼女にとって、酒井は恐ろしい上司であったのであろう。

一九九五年「セキュリティジャパン」を辞めた女性社員は坂本氏に手紙を送っている。その中の「追伸」にも「ＳＪ退社後はなんだか恐くて外を歩いていてもキョロキョロしたり、自宅のアパートの出入りにも気をつけています。電話をかけるのも不安です。（中略）夢にまで出てきます。『例の秘密をバラしたら青木ヶ原だぞ！　逃げても逃げても追いかけてゆく』というあの言葉を思い出してもぞっとします。恐ろしくて紹介者への報告もお礼も伝えられず、きっと自分からはずっとしないつもりです」などと書かれていたという。

坂本氏もまさか元警察官である以上、酒井もそこまではしないと思っていたが、とんでもない見当違いであった。しかも性懲りもなくこの酒井は、平成十六（二〇〇四）年四月商法違反容疑「利益要求罪」で警視庁捜査四課に、またしても逮捕されている。ある会社の株主総会に右翼団体が介入する権利を得たことを知った酒井たちは、「右翼一人につき二百万ずつ計五人分で一千万円出せば押さえてやる」などと要求し、その他、飲み食いの利益供与を要求した疑いであった。

真に情けない限りであり、日本の警察官全体への背信行為である。今も現場で汗水流して頑張っている多くの警察官に対して、あまりに非礼極まりない行為である。中には不幸にして殉職される警察官も多い中で、こうした自己の利得に目を奪われた元警察官がいかに日本警察の権威を貶めているか？　私もかつて警察に弓引いた人間ではあるが、それにしても忸怩たる思いである。

また冗長になってしまったが、さすがの坂本氏もこの会社には不透明なことが多く、ここを去ることになる。

この時の印鑑の使い道は未だに分からない。いずれにせよ、この実印を使って不動産詐取を行っていたら、本人には無断でやったということで、有印私文書偽造同行使。登記していたら、公正証書原本不実記載ということになる。さらに前述の女性社員に対しては明白に「脅迫罪」が成り立つのである。まさに元警察官でなくて犯罪者である。

そして坂本氏がセキュリティジャパンを辞めてしばらくしてから、図々しくも酒井は例の高速道路後払いカードの理事にしゃあしゃあと収まり、平成十（一九九八）年十月、千代田区丸の内の喫茶店で、

「このたび代表理事が公金を横領したので、空白になっている代表理事にぜひなってもらいたい。以前林が借りた金や、給料の未払い分は皆返済するから」

と言ったとのことだった。さらに、

「今回は元経済企画庁長官のいとこがついてくれていて、公的資金運用の都合もできる」と甘い言葉をかけて坂本氏に擦り寄ってきた。要するに坂本氏が以前、林の自立のために汗水たらして認可を取ってやった「高速自動車道路の別納カードの組合」を一緒にやらないかというのである。このとき酒井は「坂本は脇が甘いから、騙して連れてくるのはチョロイよ」（同組合元理事の後日談）とまで言っている。この時も坂本氏の財産目当てに、彼は林と組んで坂本氏を誘ったのである。次の日に、林がやはり同じようなことを言って代表理事就任を誘われたという。

この頃、林は甘い言葉で誘う酒井にすっかり乗せられ、厳しく意見する坂本氏のことはすっかり煙たがるようになっていた。そういう意味で林が転落してゆくのは目に見えていたと言わざるを得ない。また酒井とて同じである。

その後坂本氏は、今までの林に貸した金や給料の立替分を全て清算するというので、代表理事だけは固辞しつつ理事に就任した。さらに彼らの監視も兼ねて組合に入るのだが、結局、酒井も林もそれらの約束を全て反故にしてしまった。

その結果林がどういう結末をたどったかは前章で明らかである。果たして酒井はどうなのだろうか……。改悛から猛省そして再生の道を歩まれんことを切に望むものである。

ナショナル事件が残した教訓

林高速道路後払い別納カード組合理事長、道路公団中庭で焼身自殺。

この一報を聞いた坂本氏の心境は如何ばかりであったろうか？　私には計り知れないものがある。またこの林から攻撃を受けていた者、あるいは利得だけ手にして、林を裏切り逃げていった者。彼らはこれをどのように受け止めたであろうか？

カード組合内部にも問題があったのは間違いない。組合の相談役や最高顧問という要職にいながら、林に何も意見具申しなかった者。林から金を引っ張ることにのみ汲々としていたとの他の理事の証言もある。だから組合の総会においても、「敦煌」というトンネル会社を通じてナショナルや警察叩きの裏金つくりが行われているという理事からの指摘があっても、林を正そうともしなかった。また、道路公団に組合員の組合費未払いの件で、公団と交渉中に公団に乗り込み、さんざん公団とやりあって、まとまる話もまとまらなくしてしまった者もいた。このことで林も打つ手がなくなり、自殺に追い込まれたのが真実である。

林が金で人を動かそうとしたことも事実であるが、かえってそうした金の亡者たちによってまた潰されていったということではなかろうか？

東北の一家電量販店を、全国チェーン展開するほどまでの商才を持ちながら、大手メーカーの横暴を批判するあまり、一切の妥協をしなかった。しかしそれはいつしか病的になってしまい、自分自身が電気販売店を起こした時のひたむきさや原点を忘れてしまったのではないか？

いつの間にか、自分が人を金で動かせると思い、人を金で買おうとした。だからこそ、金の亡者に食い物にされていったのではなかろうか？

例の協同組合にしても、林が多くの組合員からなる協同組合を私物化したことは、疑いのない事実である。

相手の違法を突くのに、自らも違法を犯してまで暴こうというその姿勢そのものが間違っていたのだ。一方ナショナル側にしても、これほどの日本を代表する巨大メーカーであるのに、どうしてもう少し大人の解決ができなかったのか？　確かに、ナショナルと大野とを結びつける決定的証拠は出ていないし、また暴力団とを結びつける証拠も出ていない。しかし事件発覚当初、商品引取りの拒否や覚書および領収書の偽造問題など、灰色の部分は残っている。

言ってしまえば、自分の子供のようにひ弱な一介の電気量販店が自分たちに多少歯向かってきたといえども、決して同等レベルで喧嘩するのではなく、大人が分からず屋の子供を諭すようなやり方で、なぜ助言するなり導いてやれなかったのか？　たとえ時間がかかろうと、窓口は懇切丁寧に誠意をもって接待し、粘り強く交渉していれば、林の出方ももう少し違ったであろう。まして彼はナショナルの松下会長を尊敬していた男なのである。

確かにナショナルも当初は誠意をもって応えようとはしたのであろう。しかし林は今でいう「クレーマー」であった。しかも「かなり陰湿な」と言っていいだろう。そしてあまりに林がリコールばかり要求するので「切れてしまった」のかもしれない。しかし日本の大企業と言えば半ば公人のようなものである。もう少し親身のある、誰が見ても「なるほど」と思うような対応が取れなかったものだろうか？　そういう意味で、彼をここまで半狂乱のような状態にした罪の一端もナショナル側にもあるのではないかと思わざるを得ないのである。今後大企業の危機管理はさらにいっそう問われるであろう。

また、林が暴力団に追われ震え上がっている時に、現職刑事の大隈刑事防犯課長が「大野と私は家族付き合いをしています。大野を告訴しないでください」と林に泣きつき、林の気持ちを惑わせ、林は「警察がなんとかしてくれる」と信じ朗報を待ったが、結果は暴力団の追及は収まらず、林をかえって手負いの狼のようにしてしまったこと。また当時の新宿警察署長が林に対して「警察は全面的に協力します」と言っていたことから余計に裏切られた意識は強かったのかもしれない。

またそれ以外にも、坂本氏が赤坂署に手を回して大野を告訴するようにしていたのを、当時巡査部長だった前述の酒井がもみ消してしまったことがあった。こうした警察内部の大野との癒着構造にある一分子あるいは不熱心な一部幹部によって、ますます林をして警察憎しというところに追いやっていったと言っても言いすぎではないだろう。

酒井の裏切りも知らず、林は彼を立ち上げた共同事業組合の理事にしてしまっているのである。むしろいろいろと耳の痛い助言をする坂本氏を遠ざけたことも林の不幸につながっていった。その意味では一人ぬくぬくとしているのは酒井であり、「悪い奴ほどよく眠る」を地で行っているような男である（その証拠に組合理事になっても彼は財産を皆、妻名義にしていて、彼自身失う物は何もない状態にしていた）。こうした彼らが林の言い分や置かれた状態をよく理解してやって、素早く大野告訴にもっていっていたなら、林ももう少しまともな生き方をしていただろうにと悔やまれるのである。まさに坂本氏は、筆者本人や林のような現体制を壊そうと捻じ曲がった考えの人間を直すことこそ、彼の責務と感じていた方なので、さぞ悔しい思いであったに違いない。

その意味でも、浪花節的泣き落としで、林を精神的に追い詰めた大隈刑事防犯課長や、告訴相談に来た林を「こんなの事件にならないよ」と、けんもほろろに追い返した刑事、またあえて事件を事件化しなかった酒井などの罪は大変大きいと言わざるを得ない。

いずれにせよ筆者がこのような事件を書くことになったのも、もう二度と、こういう悲劇がないように、またあったとしても素早い危機管理で大事を小事に留めてゆく、そうしたあり方が大企業、警察、ひいては政治の世界にもほしいということである。

それはとりもなおさず根底にあるのはヒューマニズムであり、社会の連帯意識であろうと思う。例の薬害エイズ事件にしても、今日大騒ぎになっているアスベスト問題にしても、また建築事務所による構造計算書の偽造問題にしても、全てはヒューマニズムの欠如であり危機管理のなさである。私たちは日本社会の構造的欠陥をもう一度見直してゆかなければならないだろう。

私が、私の恩師から受けたことを題材にしてこうした一文を書いたのも、まさにこの方が、警察官という立場をも超えた人間性、つまりヒューマニズムがあったればこそ、このような大きな仕事を成し上げられたし、後世に残る人間事業を成し上げられたのだとつくづく思うからである。

それ以外に坂本氏を支えていたのは、警察を市民の親たらんとすること。警察が一般庶民の味方になってもっと頑張れば、必ず日本社会は変わる、そうした大きな夢があったからに違いない。

私たち教えを授かった者として、この方の爪の垢でも煎じて飲むくらいの気持ちで、とにかくどこまでやれるか分からないが、昨日より今日、今日より明日と、少しずつでも進歩するよう頑張っていきたいと考えている昨今である。

最後に、「若い人は堅い話をしてもなかなか聞かないから、先生の思想を詩にたとえられたらどうですか？　ぜひ詩を作ってください」との若いお弟子さんからのたっての要望で、ボランティア「青空の会」の新聞に、坂本氏が詩をかなり長きに渡って掲載されたことがある。その詩の一篇を本章末において紹介したい。

坂本重則氏による詩

自分を愛し、友を愛するもよし
家庭を愛し、職場を愛するもよし
国を愛し、世界を愛するもよし
愛はそれぞれその人の選び方によって異なるが、私は全ての愛を愛したい

（なおナショナル事件の章については、生前林氏が筆者に送ってくれた膨大な事件関係書類、林氏が存命中に出版した書籍、そして坂本氏の手記などを参考にさせていただいた）

【補足】

なお真に偶然なこととはいえ、筆者が最終章を執筆中、例のナショナルが、ＦＦ式石油暖房機で欠陥商品を出したとの報道がなされた。

それによると、経済産業省は松下電器産業（株）が昭和六十（一九八五）年から平成四（一九九二）年に製造した温風暖房機から、一酸化炭素が漏洩する可能性があると認定した。そして消費生活用製品安全法第八十二条の規定の基づき、該当する製品について、回収または点検及び改修、そして危険性の周知などの必要な措置を取るよう、緊急命令を発動したのである。

これは温風暖房機の給気用エアホースの亀裂から一酸化炭素が漏れたことによる一酸化炭素中毒事故であった。かつての温風暖房機「はるる」より、さらに深刻な事故が発生したのである。この時はナショナルはまさに懇切丁寧な事後処理を行っている。その意味では林が経験したナショナル事件はあながち無駄でなかったのではなかろうかと思う昨今である。彼がもう少し長生きしていれば、上記のような事案が発生した時、「だから私は以前に警鐘を鳴らしましたよね」と一言いえば大いなる説得力になったに違いなかったのに、誠に惜しいことをしたものである。

秋の叙勲と坂本氏の戸惑い

平成十九（二〇〇七）年十一月三日。公安一課より推薦があり、坂本氏は秋の叙勲を受けられることになった。しかし坂本氏は一度は受けることを拒否されたという。曰く、

「自分は多くの過激派を人間的に落としてきたが、自分は叙勲を受けるために彼らを落としてきた訳ではない。将来を担う若い人間に心底暴力革命というところから卒業してほしいという強い信念を持って、やってきたのだ」

とのことであった。

そういう意味からも、それらの人間のためにも自分は叙勲は受けられないと拒否されたのである。しかし叙勲の係の人は「貴方は警視なんでしょう。まず最低限叙勲は受けられたほうがいいですよ」と促され、瑞宝単光賞の叙勲を受けられることとなった。

坂本氏の胸中は複雑であったであろうが、私たちはボランティア「青空の会」、総合企

画のメンバーでささやかな受賞記念のパーティーを開かせていただいた。当日は坂本氏と旧交を温めるために多くの人々が集まり、今までのご労苦をねぎらったのである。

私個人の感想を言わせていただければ、あれほど世のため、人のためになる仕事を、ある意味家族を質に置き、財産をすり減らしながら、健康も損ねながら遂げられた坂本氏にこそ、菊花章レベルの褒章が与えられてしかるべきであると思う。しかし未だ坂本氏の大功労に対し、光が当てられていないということは、自分を売ることもせず、人知れず国家の屋台骨を支えて働いている人たちの多くに光が当たっていないということではないのかとふと思うことがある。

私のようなかつての国家への反逆者が生意気なこととは思うが、本当に坂本氏の仕事は、日本いや世界を変え得るほどの立派な仕事であったと確信する。

なお、坂本氏は残念ながら二〇一八年十一月二十六日に他界された。八十七歳だった。

（叙勲の記念パーティーでお弟子さんから花束を贈呈される坂本氏。左は奥様）

（自ら率先して町のごみ拾い活動をされる坂本氏。この活動が私たち弟子の人間形成の第一歩となった）

（先生と奥様、そして私たち夫婦、四人での最後の旅行）

（坂本氏ご夫妻と筆者の妻節子）

終わりに

この文章を通じ私が一番述べたかったことは、少し大それた言い方になるかもしれないが、今人類が持つべき共通の価値観とは何か？　ということである。私がかつて信奉した共産主義の限界性は唯物主義や暴力革命などの問題点として世界的にも認知されている。また、世界的な宗教であるキリスト教にしてもイスラム教やユダヤ教においても唯一絶対の神を信奉し、どちらかといえば他宗教には不寛容な面がある。むろんどの宗教者も博愛を説いているとは思うが、そこに国家利益や領土問題などが絡むと、民族間対立＝宗教観対立の様相を呈してしまい、なかなか解決の糸口がつかめないのである。

私事めいて恐縮であるが、恩師である坂本氏が存命中、私によく口癖のように言っておられた言葉の中に「俺とお前はかつては水と油のような関係だったんだよ。それが融合して新たなものが生み出し得るかという社会実験のようなものなんだよ」というものがある。果たして新たなイデオロギーが生まれたとは言わないが、少なくとも坂本氏の説く人間主義、つまり人間哲学が、あれほどの犯罪の更生そして共産主義思想からの転換をもたらした。その歴史を垣間見るならそこに大事なヒントが隠されているように思えてならない。

そして今問題となっている日韓問題であるが、彼は在日の方の中にも多くの友人がいたことも付け加えておきたい。

令和元年八月二日　　河野英雄

著者プロフィール

河野 英雄（こうの ひでお）

昭和22（1947）年11月４日生。明治学院大学社会学部中途退学。現在、千葉県在住。

青空青年の会（町内美化活動）、ボランティア「青空の会」（青少年の育成）にて活動。元千葉県小見川町議会議員。現在、病院ボランティア、下校時の学童の見守り、防犯パトロール等を行う。香取警察署小見川警察友の会会員。

我が心の師

2019年11月15日　初版第１刷発行

著　者　河野 英雄
発行者　瓜谷 綱延
発行所　株式会社文芸社
〒160-0022　東京都新宿区新宿1－10－1
電話　03-5369-3060（代表）
03-5369-2299（販売）

印刷所　株式会社平河工業社

ISBN978-4-286-21056-8